Herausgeber: Intergest France S.A.S.

INTERGEST INVESTITIONSFÜHRER
FRANKREICH

2020

INTERGEST®
FRANCE

INTERGEST INVESTITIONSFÜHRER
FRANKREICH

THE **ART** OF BEING LOCAL **WORLDWIDE**

4. überarbeitete Auflage 2020

InterGest France S.A.S.
Prof. Peter Anterist
7, Place de la Gare, F-57200 Sarreguemines
Tel +33 (0) 3 87 95 99 00
Fax +33 (0) 3 87 95 99 03
info.france@intergest.com
www.intergest.com

© InterGest France S.A.S.
Produktion/Layout/Satz: local global GmbH
Umschlag: Julia Steiner, Paige Bone
Druck: Alphaprint, Martin, SK

Alle Rechte vorbehalten. Das Werk einschließlich aller seiner Teile ist urheberrechtlich geschützt, insbesondere der Nachdruck von Auszügen, die fotomechanische Wiedergabe und die Speicherung in elektronischen Medien. Auch die unlautere Vervielfältigung, Übersetzung, Mikroverfilmung, Verarbeitung oder Weitergabe in elektronischer Form ist untersagt. Jede Verwertung außerhalb der engen Grenzen des Urheberrechtsgesetzes ist ohne Zustimmung des Verlags und Autors unzulässig and strafbar.

www.intergest.com

INHALT

VORWORT 8

INTERGEST WELTWEIT 11

1// DER STANDORT FRANKREICH:
GESAMTWIRTSCHAFTLICHER ÜBERBLICK 13

1.1// STANDORT FRANKREICH ALLGEMEIN 14
1.2// GEOGRAPHIE 14
1.3// BEVÖLKERUNG 15
1.4// MAKROÖKONOMISCHE LAGE 15
1.5// AGRARWIRTSCHAFT 17
1.6// ENERGIEWIRTSCHAFT 17
1.7// INFRASTRUKTUR, LOGISTIK UND TRANSPORTWESEN 18
1.8// FORSCHUNG UND ENTWICKLUNG 18
1.9// PRODUZIERENDES GEWERBE 19
1.10// DIENSTLEISTUNGEN UND BANKWESEN 20
1.11// HANDEL 21
1.12// KONJUNKTUR 21

2// INTERNATIONALE WETTBEWERBSFÄHIGKEIT
UND STANDORTQUALITÄT 23

3// GRUNDZÜGE DES FRANZÖSISCHEN HANDELS- UND
KAUFRECHTS 29

3.1// CODE DE COMMERCE CODE CIVIL 30
3.2// VERJÄHRUNG 32
3.3// GEWÄHRLEISTUNG 32
3.4// ALLGEMEINE GESCHÄFTSBEDINGUNGEN 33
3.5// EIGENTUMSVORBEHALT 33
3.6// WETTBEWERBSREGELN 34
3.7// INTERNATIONALER WARENKAUF 34

4// ABSATZ- UND VERTRIEBSWEGE 37
4.1// DIREKTVERTRIEB 38
4.2// INDIREKTER ABSATZ 39
4.3// HANDELSVERTRETER 40
4.4// KOMMISSIONÄRE 42
4.5// AUSLIEFERUNGSLAGER 42

5// GRUNDZÜGE DES FRANZÖSISCHEN UNTERNEHMENS-
RECHTS 45
5.1// ERWERB EINES FRANZÖSISCHEN UNTERNEHMENS 47
5.2// REPRÄSENTANZ 47
5.3// ZWEIGNIEDERLASSUNG UND TOCHTERGESELLSCHAFT 47
5.4// RECHTSFORMEN VON UNTERNEHMEN 49
5.5// GESELLSCHAFT MIT BESCHRÄNKTER HAFTUNG, S.A.R.L. 50
5.6// EINPERSONENGESELLSCHAFT MIT BESCHRÄNKTER
HAFTUNG E.U.R.L. 53
5.7// AKTIENGESELLSCHAFT, S.A. 53
5.8// VEREINFACHTE AKTIENGESELLSCHAFT, S.A.S. 56
5.9// OFFENE HANDELSGESELLSCHAFT, S.N.C. 60
5.10// KOMMANDITGESELLSCHAFT, S.C.S. 60
5.11// KOMMANDITGESELLSCHAFT AUF AKTIEN, S.C.A. 61
5.12// GESELLSCHAFT BÜRGERLICHEN RECHTS, S.C. 61
5.13// EUROPÄISCHER WIRTSCHAFTLICHER INTERESSENVEREIN, G.E.I.E. 61
5.14// SOCIETAS EUROPAEA, S.E. 62
5.15// EINZELUNTERNEHMEN MIT BESCHRÄNKTER HAFTUNG E.I.R.L. 63
5.16// FORMALITÄTEN BEI DER GRÜNDUNG EINES UNTERNEHMENS 63
5.17// GEWERBEERLAUBNIS 65
5.18// GEWERBLICHER 65
5.19// VERZUG EINES UNTERNEHMENS AUS DEM AUSLAND 65
5.20// ANERKENNUNG VON URKUNDEN, DOKUMENTEN UND
SCHRIFTSTÜCKEN 67
5.21// ALTERNATIVEN ZUR RECHTSFORMWAHL ZUR GEWÄHRLEISTUNG
VON HAFTUNGSAUSSCHLUSS 67

6// FORDERUNGSMANAGEMENT 69
6.1// DAS MAHNVERFAHREN IN FRANKREICH 70
6.2// EUROPÄISCHE RECHTSMITTEL 70
6.3// EXPORTKREDITVERSICHERUNG 71

7// STEUERN 73
7.1// KÖRPERSCHAFTSTEUER 75
7.2// EINKOMMENSTEUER 77
7.3// GEWERBESTEUER 80
7.4// REGISTERSTEUER 81
7.5// DOPPELBESTEUERUNGSABKOMMEN 81
7.6// UMSATZSTEUER 84
7.7// ZOLL 86
7.8// VERRECHNUNGSPREISE 86

8// ARBEITS- UND SOZIALRECHT 89
8.1// ARBEITSVERTRAG 90
8.2// KÜNDIGUNG 91
8.3// GESETZLICHER MINDESTLOHN 93
8.4// 35-STUNDEN WOCHE 94
8.5// URLAUBSREGELUNG 96
8.6// PERSONALVERTRETUNG 96
8.7// WIRTSCHAFTS- UND SOZIALAUSSCHUSS 97
8.8// SOZIALVERSICHERUNGSSYSTEM 97

9// ARBEITS- UND AUFENTHALTSRECHT FÜR AUSLÄNDER 99
9.1// FREIZÜGIGKEIT FÜR EU-BÜRGER 101
9.2// AUFENTHALTSERLAUBNIS 101
9.3// ARBEITSERLAUBNIS 102
9.4// GESCHÄFTSVISUM 103
9.5// ENTSENDUNG 104

10// FÖRDERMASSNAHMEN UND FINANZIERUNGS-MÖGLICHKEITEN 107
10.1// BEIHILFEN UND SUBVENTIONEN 108
10.2// FINANZIERUNG 110

11// FRANKREICH IN ZAHLEN 113

12// DIE WICHTIGSTEN KONTAKTSTELLEN 116

13// ANHANG: FUSSNOTEN 117

VORWORT

Liebe Leserinnen und Leser,

Sie halten nun die bereits vierte Auflage unseres Investitionsführers für Frankreich in Händen. Auch in dem nun neuen, kompakten und lesefreundlicheren Format konzentrieren wir uns auf das Wesentliche.

Prof. Peter Anterist

Unsere Investitionsführer richten sich an Menschen, die in den Unternehmen für die Strategie der Internationalisierung und ihre erfolgreiche Umsetzung verantwortlich sind. Unsere Darstellung wichtiger Aspekte der Auslandspräsenz will Ihnen helfen, sich schnell über die Rahmenbedingungen in den wichtigsten Märkten zu informieren.

Und dazu gehört natürlich Frankreich. Auch wenn häufig sehr viel stärker über andere Märkte und globale handelspolitische Herausforderungen diskutiert wird - Frankreich ist für Deutschlands Exportwirtschaft immer noch der wichtigste Markt in Europa. Für viele mittelständische Unternehmen ist und bleibt Frankreich oft auch der erste und/oder größte Auslandsmarkt.

Es gibt also gute Gründe, die Veränderungen in unserem Nachbarland im Auge zu behalten. Frankreich ist in den letzten Jahren dynamischer geworden, was nicht nur mit den ambitionierten wirtschaftspolitischen Zielsetzungen von Emmanuel Macron zu tun hat.

InterGest France hat weit über 500 Firmen erfolgreich in den französischen Markt begleitet. Als Unternehmen, das selbst seinen Sitz in

Frankreich hat, sehen wir in den französischen Firmen heute eine neue Generation von Mitarbeitern und Managern am Werk. Sie sind sehr viel stärker international orientiert, was sich auch in einer früher nicht gekannten Fremdsprachenkenntnis zeigt. Dennoch behält die Wirtschaft des Landes sehr starke Eigenheiten, die Sie bei Ihren Entscheidungen im Blick haben müssen.

So gelten sie also noch immer unsere "goldenen Regeln für Frankreich", die wir in auch in den letzten drei Ausgaben unseres Investitionsführers festgehalten haben:

1. „Business is local" - in Frankreich sowieso. Wenn Sie dort erfolgreich verkaufen wollen, müssen Sie "Franzose werden". Wie? Gründen Sie eine eigene Vertriebsniederlassung in Frankreich!

2. "Business is personal" - diese Regel gilt auch und gerade in Frankreich. Starke Argumente für ein Produkt reichen nicht. Zum Erfolg in Frankreich gehört eine persönliche Beziehung. Sie aufzubauen und zu pflegen fällt einem französischen Vertriebsmitarbeiter ganz sicher leichter. Besorgen Sie sich einen „Frankreich-Chef"!

3. Dieser „Frankreich-Chef" hilft Ihnen auch, wenn es bei Verhandlungen über Angebote, Verträge oder Reklamationen in Frankreich sehr wohl auf sprachliche Finessen ankommt. Mit einem Dolmetscher kommen Sie da nicht weit.

4. „La grande nation" - immer noch. Das nationale Selbstbewußtsein Ihrer französischen Gesprächspartner hat in den letzten Jahren nicht gelitten. Exzellente Weine und hervorragendes Essen zu loben - schön und recht. Aber vergessen Sie nicht, die Industrie und Infrastruktur Frankreichs zu rühmen: PSA und Renault, Airbus und TGV scheuen global keinen Wettbewerb.

5. Bürokratie. Noch immer so etwas wie eine französische Erfindung. Versuchen Sie bitte nicht, Beamten in Frankreich energisch zu kommen. Gebotene Freundlichkeit und nicht enden wollendes Verständnis - und genau damit die Abänderung getroffener administrativer Entscheidungen, das bekommt Ihr französischer Geschäftsführer ganz sicher besser hin als Sie auf gut Deutsch.

6. Lokalisierung. So banal es klingt und so oft wie wir diesen unternehmerischen Kardinalfehler in all unseren Publikationen schon gegeißelt haben: Ohne die Anpassung Ihres Produkts auf spezifisch französische Bedürfnisse - sei es beim Design, der Verpackung, der Komposition - werden Sie keinen Erfolg haben.

Wir haben diese Regeln für Sie aus über vier Jahrzehnten unternehmerischer Erfahrung in Frankreich kondensiert. Mit Ihnen gemeinsam richten wir den Blick nun in die Zukunft: Alle Mitarbeiter der InterGest setzen sich dafür ein, dass Sie beim Aufbau, der Restrukturierung oder der Erweiterung Ihrer unternehmerischen Präsenz in Frankreich erfolgreich sind.

Zuletzt in eigener Sache: Wenn Sie Kritik, Fragen oder auch Ergänzungen zu diesem Investitionsführer haben, können Sie mich jederzeit auch persönlich per E-Mail unter peter.anterist@intergest.com erreichen. Ich freue mich über Ihre Anregungen und Erfahrungen.

INTERGEST WELTWEIT

Die InterGest Organisation bietet die aktuellste, kostenwirksamste und leistungsfähigste Methode, die insbesondere kleinen und mittleren Unternehmen zurzeit für die Erschließung ausländischer Märkte zur Verfügung steht.

Das umfassende Dienstleistungsangebot und das System der InterGest dienen dazu, die exportierende Firma bei der Gründung und Verwaltung einer ausländischen Niederlassung, Tochtergesellschaft oder beim Direktverkauf einer Organisation optimal zu unterstützen.

InterGest ist ein internationales, aufeinander abgestimmtes Franchise-System, das in der ganzen Welt durch unabhängige, örtliche Büros tätig ist. Diese Büros verfügen alle über umfassende Kenntnisse der kaufmännischen und rechtlichen Verhältnisse ihres Landes sowie über ein klares Verständnis der Erfordernisse und Komplexität des internationalen Handels.

Die Verbindungen zwischen den einzelnen örtlichen InterGest Organisationen gewähren dem InterGest Partner im Ausland, dass er jederzeit vom örtlichen Experten im Land des Exporteurs Rat und professionelle Unterstützung einholen kann.

Die vorliegende Broschüre soll Hinweise und Informationen geben, die bei der Gründung einer eigenen Niederlassung durch ein ausländisches Unternehmen von Bedeutung sind.

Es muss jedoch darauf hingewiesen werden, dass das Thema, welches in dieser Broschüre behandelt wird, so umfassend und weitreichend ist, dass viele Fragen und Themen nur in allgemeiner Form dargestellt werden können. Jeder, der sich mit dem Gedanken trägt, im Ausland eine Niederlassung zu gründen, sollte daher in seinem eigenen Interesse sobald wie möglich fachmännischen Rat bei einem InterGest Franchise-Partner einholen.

Die unternehmerische Entscheidung darüber, ob sich der Schritt vom direkten Export oder vom Verkauf über einen Repräsentanten zur eigenen Niederlassung hin lohnt, kann nur vom Mutterhaus nach gründlicher Abwägung aller für eine erfolgreiche Geschäftstätigkeit entscheidenden Gesichtspunkte getroffen werden.

Dabei sollte zu Gunsten der eigenen Niederlassung nicht übersehen werden, dass mit einer Gründung zwar finanzielle, verwaltungstechnische sowie nicht zuletzt personelle Fragestellungen zu lösen sind; andererseits bietet die eigene Niederlassung eine Fülle von Vorteilen, insbesondere die Marktnähe auf den Handelsplätzen der Welt sowie die ungehinderte Durchführung der eigenen Geschäftskonzeption.

Wenngleich viele Geschäftsleute über eine hohe internationale Kompetenz verfügen und den Umgang mit ausländischen Geschäftspartnern gewohnt sind, so bevorzugen sie doch den unmittelbaren persönlichen Kontakt und die Nähe zu ihren Partnern, die sich mit einer Niederlassung im Ausland quasi von selbst ergibt. Auch die Möglichkeit, mit Geschäftspartnern in der eigenen Sprache korrespondieren zu können, sollte nicht unterschätzt werden.

InterGest kann Sie dabei zu allen Themen, die in dieser Broschüre behandelt werden, im Einzelnen beraten und Ihnen eine Fülle an Dienstleistungen, die zur Gründung einer Niederlassung erforderlich sind, zur Verfügung stellen.

So weit nicht anders erwähnt, sind alle in diesem Investitionsführer enthaltenen Informationen auf dem Stand vom 4. Quartal 2019.

1//

DER STANDORT FRANKREICH: GESAMTWIRTSCHAFTLICHER ÜBERBLICK

1.1// STANDORT FRANKREICH ALLGEMEIN

Die Republik Frankreich ist nicht nur flächenmäßig (Platz 1) einer der bedeutendsten Staaten in der europäischen Union, sondern auch nach Deutschland und England der drittgrößte Markt gemessen am Bruttoinlandsprodukt. Das Land ist nicht nur ein äußerst attraktiver Absatzmarkt für ausländische Unternehmen, sondern darüber hinaus auch ein sehr attraktiver Standort für Investitionen und direkte Ansiedlung. Nicht zuletzt wegen seiner guten Wirtschaftsentwicklung wird Frankreich von ausländischen Investoren zunehmend als ein im Vergleich zu anderen europäischen Ländern sehr attraktiver Standort angesehen. Die Attraktivität des Standortes Frankreich wird weltweit auf Rang 5 von 25 Staaten bewertet.[1] Der Standort bietet Zugangsmöglichkeiten zu circa 69 Millionen Verbrauchern. Eine moderne Infrastruktur, hervorragende Verkehrsverbindungen, gut ausgebildete Arbeitskräfte, angemessene Lohnkosten und eine hochentwickelte Geschäftskultur sowie eine hohe Lebensqualität tragen wesentlich zur Attraktivität des Landes bei.

1.2// GEOGRAPHIE

Flächenmäßig ist Frankreich das größte Land Westeuropas. Es unterteilt sich in 13 Regionen, von denen sich 8 in Europa befinden und fünf zu den französischen Übersee Departements gehören (Guadeloupe, Französisch-Guyana, Martinique, Mayotte und Reunion), drei überseeische Gebietskörperschaften (Saint-Pierre-et-Miquelon in Nordamerika sowie Saint-Barthélemy und Saint-Martin auf den Kleinen Antillen) und einige überseeische Territorien mit beschränkter Selbstverwaltung (Neukaledonien, Französisch-Polynesien, Wallis-et-Futuna in Ozeanien).

1.3// BEVÖLKERUNG

Im Mutterland Frankreich leben 66,9 Millionen Menschen.[2] Die größten Städte sind die Hauptstadt Paris mit 2,1 Millionen Einwohnern (Großraum Paris: 12 Millionen Einwohner), Marseille (circa 860.000 Einwohner), Lyon (circa 513.000 Einwohner), Toulouse und Nizza.[3]

1.4// MAKROÖKONO-MISCHE LAGE

Mit 3% Anteil am weltweiten Außenhandel in 2017 ist Frankreich die siebtgrößte[4] Exportnation der Welt und verfügt über eine leistungsfähige Industrie sowie über einen stark entwickelten Dienstleistungsbereich. Dank seiner zentralen Lage bietet das Land direkten Zugang zu mehr als 512 Millionen Konsumenten in den 28 Nachbarländern der Europäischen Union, die sich in einem Umkreis von 2.000 km um die französische Hauptstadt befindet. Auch hat Frankreich die Wandlung von einem Verwaltungs- und Agrarstaat zu einer modernen Industrienation erfolgreich vollzogen.

Wenn auch die Konjunktur aufgrund der Wirtschaftskrise an Dynamik verloren hat, so hält sich Frankreich nach der weltweiten Wirtschaftsflaute tendenziell doch besser als viele seiner europäischen Nachbarn. Das reale Wachstum des Bruttoinlandsprodukts liegt mit +1,7% in 2014 bis 2018 etwa im Durchschnitt der Europäischen Union. Aufgrund der Belebung der privaten Nachfrage und weiteren Anzeichen für eine Zunahme der Lagerinvestitionen, wird im Jahr 2018 eine Zunahme um 1,5 bis 1,8% erwartet.[5] Ob das Land sein Wirtschaftswachstum jedoch soweit steigern kann, wird nicht zuletzt von den wirtschaftlichen Entwicklungen in den anderen Staaten der Europäischen Union und hierbei insbesondere von der Entwicklung in Deutschland, dem Hauptabsatzmarkt der französischen Wirtschaft, abhängen. Die Entwicklung der Inflationsrate in Frankreich beläuft sich für 2018 auf 1,4%[1.] Positiv für Frankreich sprechen vor allem die relativ geringen Lohnstückkosten und die hohe Produktivität pro Arbeitnehmer, die um 25% höher ist als in Japan oder 15% über dem EU-Durchschnitt liegt[2], während die hohe Staatsverschuldung mit 96% Jahr 2018 und der negative Leistungsbilanzsaldo in Höhe von -2,8% Jahr 2018 die Regierung Frankreichs vor Herausforderungen stellen[3.]

Charakteristisch für die französische Wirtschaft ist die starke Einflussnahme des Staates, die aber zunehmend abgebaut wird. Es darf nicht übersehen werden, dass der französische Staat grundsätzlich weniger Hemmungen hat in die nationale Wirtschaft einzugreifen, als dies in anderen europäischen Ländern der Fall ist. Die Staatsquote in Frankreich lag im Jahr 2017 bei 56,18% im Vergleich zu Deutschland mit 44% [4]. Wirtschaftsexperten sehen aber keine Rückkehr zur staatskapitalistischen Industriepolitik alter Prägung. Noch vor 30 Jahren gab es in Frankreich eine nahezu totale staatliche Kontrolle bei Devisen, Löhnen und Preisen. Auch die Banken unterstanden weitgehend den staatlichen Direktiven.

Die französische Wirtschaftsstruktur ist folgendermaßen aufgegliedert (in 2016): Land-, Forstwirtschaft und Fischerei (1,5%, Bau 5,3%, Rohstoffindustrie Herstellung von Waren, Energie und Wasser 19,3%, Handel, Transport und Kommunikation 24,1%, Grundstücks- und Wohnungswesen (11,2 %), Bildung, Gesundheit und sonstige Dienstleistungen 22,5% sowie Unternehmensbezogene- und Finanzdienstleistungen 16,1% vom BIP[5]. Besondere Stärken der französischen Wirtschaft sind die Branchen Luftfahrt, Energie, Automobil, Landwirtschaft und Ernährung, Luxusartikel, pharmazeutische Produkte, Chemie, Elektronik und Tourismus[6]. Zu diesen Bereichen gehören auch der Wein- und Champagnersektor sowie der Schiffbau, insbesondere von Segelbooten. Der Strombedarf

Frankreichs wird etwa zu 71% von Kernenergie gedeckt und die Industrie konzentriert sich trotz verstärkter Dezentralisierungsbemühungen weiterhin auf den Großraum Paris. Haupthandelspartner ist die Bundesrepublik Deutschland.

1.5// AGRARWIRTSCHAFT

Einen geradezu traditionell hohen Stellenwert hat in Frankreich die Landwirtschaft, ob- wohl sie nur 1,5% am Bruttoinlandsprodukt ausmacht. Mit einem Umsatz von über 172 Mrd. € im Jahr 2016 hat die Nahrungsmittelindustrie die größten wirtschaftlichen Anteile an der Industrie in Frankreich. Die Landwirtschaft ist der wichtigste Investitionssektor für ausländische Investoren. Die Landwirtschaft beschäftigt 525 000 Personen in 62.200 Unternehmen und ist somit der drittgrößte Arbeitgeber Frankreichs.[6]

1.6// ENERGIEWIRTSCHAFT

Bei der Energieerzeugung setzt Frankreich - im Gegensatz zu Deutschland - auf die Kernenergie: Ca. 71% des in Frankreich erzeugten Stroms kommen aus der Atom-energie. Damit ist das Land nach den USA zweitgrößter Nutzer weltweit. Parallel dazu steigt der Anteil erneuerbarer Energien am Bruttoendenergieverbrauch auf 16%. Die Stromerzeugung aus Wind-, Sonnen- und Wasserkraft soll jedoch künftig stärker gefördert werden als bisher. Aktuell ist Frankreich der weltweit viertgrößte Produzent von Strom aus Wasserkraft. Frankreich will bis 2020 23 % seines gesamten Energieverbrauchs aus erneuerbaren Quellen beziehen.[7]

1.7// INFRASTRUKTUR, LOGISTIK UND TRANSPORTWESEN

Frankreich verfügt über einem neuwertigen, zu großen Teilen privat finanziertes Autobahnnetz von 12.000km und über das längste Straßennetz Europas. Auf der Schiene garantieren die modernen Hochgeschwindigkeitszüge (TGV – Train à grande vitesse), die Weltrekordgeschwindigkeiten bis zu 574,8 km/h erreichen, problemlose und schnelle Verbindungen zu den wichtigen Wirtschaftsregionen Europas. Vom Zentrum Londons aus kann man das Stadtzentrum von Paris in 2:16h erreichen. Paris liegt von Brüssel 1:20h und von Frankfurt 3:40h entfernt.

Außerdem zählt Frankreich sechs internationale Flughäfen (Paris Charles de Gaulle, Orly, Lyon Saint-Exupéry, Marseille Provence, Nizza Côte d'Azur und Basel Mulhouse). Der Flughafen Paris Charles de Gaulle ist an zweiter Stelle bei Personenverkehr und der Luftfracht. Zudem hat Frankreich mit den Häfen Marseille, Le Havre, Calais und Saint-Nazaire Zugang zu den internationalen Schifffahrtsrouten. Frankreich verfügt über das größte Wasserstraßennetz (ca. 8.500 km) in Europa.

1.8// FORSCHUNG UND ENTWICKLUNG

Der französische Staat fördert gezielt technologische Schlüsselindustrien, wozu insbesondere auch die Luft- und Raumfahrtindustrie gehört. Innovationen werden außerdem steuerlich gefördert, indem eine Steuergutschrift für Forschungs- und Entwicklungsausgaben gewährt wird. Weiterhin existieren zahlreiche Förderinstrumente für Unternehmen und Labore, die im Rahmen einer Private Public Partnership zusammenarbeiten.

Frankreich besitzt staatliche Forschungszentren, deren exzellente Arbeit weltweite Anerkennung erlangt hat.

Dies zeigt sich insbesondere auch im internationalen, wissenschaftlichen Kooperationsprojekt ITER, der weltweit erste Kernfusionsreaktor, dessen Bau im Jahr 2009 begonnen hat. Die gesamte Region der Rhône-Mündung erwartet einen Investitionsschub durch milliardenschwere Aufträge, die direkt oder indirekt mit diesem Projekt zusammenhängen. Neben den voraussichtlichen Reaktorbaukosten in Höhe von 12,4 Milliarden € wird mit einem Investitionsaufwand in gleicher Höhe für die Anpassung der privaten und öffentlichen Infrastruktur gerechnet.

Die Association Instituts Carnot fördert Innovation, Technologietransfer und die Part- nerschaft zwischen staatlichen Laboren und Industrieunternehmen. Sie decken eine Vielzahl technischer Disziplinen ab, unter anderem Mikro- und Nanotechnologie, In- formations- und Kommunikationstechnologie, Ökosysteme und Geowissenschaften, Energie, Materialien und Mechanik, Chemie und Life Sciences.

1.9// PRODUZIERENDES GEWERBE

Die französische Industrie belegt in Europa den zweiten, weltweit den siebten Platz nach den USA, China, Japan und Deutschland. Die französische Industrie erlebte eine starke Unternehmenskonzentration und einen raschen Anstieg der Direktinvestitionen im Ausland. Die Automobilindustrie wurde zum Motor des industriellen Wachstums. Dass der Einbruch des französischen Maschinenbaus während der Finanzkrise nicht stärker ausfiel, verdankte die Branche vor allem der Luft- und Raumfahrtindustrie und der Energiewirtschaft (insbesondere der Nuklearindustrie). Chemieindustrie, Luft- und Raumfahrtindustrie (mit EADS, Snecma, Airbus, ATR Dassault und Thales Alenia Space), Rüstungsindustrie und Elektro- und Elektronikindustrie, insbesondere der Bereich Mobilfunk gelten als Wachstumsbranchen. Projekte, die derzeit angegangen werden, sind der Ausbau des Glasfasernetzes und des Netzes für Hochgeschwindigkeitszüge. So wurden die TGV-Strecken von Paris nach Saarbrücken und Karlsruhe mit einem erheblichen Gesamtinvestitionsvolumen neu gebaut. Die Fertigstellung der Strecke von Lyon nach Turin soll bis zum Jahr 2028 erfolgen.

1.10// DIENSTLEISTUNGEN UND BANKWESEN

Der tertiäre Sektor stellt heute 76.7% des BIP und 75,8% der Arbeitsplätze. Auch hat Frankreich in den letzten Jahren eine dynamische Entwicklung des Dienstleistungssektors, insbesondere im Bereich der neuen Technologien erfahren. Während das Bankwesen mit fast 4% des BIP einen wichtigen Platz in der französischen Wirtschaft einnimmt, liegt der Finanzplatz Paris auf dem sechsten Platz unter den Börsen der Welt. Besonders der Einzelhandel spielt in Frankreich eine große Rolle und wird hauptsächlich von den internationalen Großkonzernen Carrefour, Centres Leclerc, Les Mousquetaires, Système U, sowie Groupe Casino und Auchan dominiert.

1.11// HANDEL

Die Entwicklung dieser Branchen ist auch hinsichtlich der zu erwartenden Importentwicklung von großer Bedeutung. Hierbei ist mit 169 Milliarden € im Jahr 2017 die Bun- desrepublik Deutschland der größte Partner Frankreichs im Bereich Handel. In den letzten fünf Jahren sind die Exporte Frankreichs mit stetig von 452.894 Millionen im Jahr 2015 auf 497.723 Millionen in 2019 gestiegen.

1.12// KONJUNKTUR

Das Bruttoinlandsprodukt Frankreichs ist im Jahr 2018 um 1,5% gestiegen, während im Jahr 2019 1,3% Wachstum erwartet wird[8] Damit schlägt sich Frankreich im Vergleich zu anderen europäischen Staaten relativ gut, da für die Eurozone eine leichte Veränderung des BIP im Jahr 2019 um 1,2% prognostiziert wird[9] . Laut dem Institut National de la Statistique et des Études Économiques werden für das Jahr 2018 folgende Entwicklung der Investitionen nach Industriesektoren erwartet.

Wachstum der Investitionen nach Industriesektoren (Veränderung zum Vorjahr in %)

Industrie	2018 *)
Agro/Nahrungsmittel	-5
Konsumgüter	10
Kraftfahrzeuge	-11
Sonstige Industrie	2

*) Prognose vom Juli / November 2017

2.//
INTERNATIONALE WETTBEWERBS-FÄHIGKEIT UND STANDORT-QUALITÄT

Die Wirtschaftsstruktur in Frankreich ist nach wie vor stark zentralistisch geprägt. Zwar haben die 13 Regionen in den vergangenen Jahren einen verhältnismäßig hohen Grad an Autonomie erreicht, was jedoch nichts daran ändert, dass die wichtigsten Entscheidungen, die für das Wirtschaftsleben in Frankreich relevant sind, nach wie vor von der Zentralregierung und dem Parlament (Nationalversammlung) in Paris getroffen werden. Dem trägt im Übrigen auch die Tatsache Rechnung, dass im Großraum Paris, auch unter dem Begriff Ile de France bekannt, circa 19% der französischen Bevölkerung lebt und hier auch die Entscheidungszentralen praktisch aller Großunternehmen ansässig sind. Auch die meisten ausländischen Investitionen werden in Paris und Umgebung getätigt; mittlerweile ist einer von vier Arbeitnehmern bei einem ausländischen Unternehmen angestellt. Aus diesem Grand der beliebteste Standort für jede Art von Vertriebsniederlassung Paris und seine Umgebung. Hier gibt es zahlreiche Vertriebszentren und Domizilierungsbüros. So besteht zum Beispiel in unmittelbarer Nachbarschaft des internationalen Flughafens Charles de Gaulle das größte europäische Frachtzentrum, dass Büroräume und Lagerräume in praktisch jeder Größe zur Verfügung stellt. Diese zahlreichen Vorteile machen Paris zu einer äußerst attraktiven Metropole. Die Hauptstadt Frankreichs belegt den zweiten Rang weltweit in Bezug auf die Ansiedlung von Firmensitzen: 39 Unternehmen der Fortune Global 500 haben ihren Sitz in Paris.

Wenngleich sich wichtige Industriebereiche schwerpunktmäßig in der Umgebung von Paris etabliert haben, gibt es in Frankreich nicht nur diesen einen Standort, der für ausländische Firmen von Interesse ist. Neben dem Großraum Paris sind vor allem die Regionen Lothringen, Elsass, Rhône-Alpes, Franche Comté, Provence-Alpes-Côte-d´Azur und Nord-Pas-de-Calais für Auslandsniederlassungen interessant, nicht zuletzt wegen ihrer geographischen Nähe zu Deutschland, Großbritannien, Italien und Belgien.

INTERNATIONALE WETTBEWERBSFÄHIGKEIT UND STANDORTQUALITÄT

Die Region um Toulouse ist stark von der Luft- und Raumfahrtindustrie geprägt, während sich um das zweitgrößte Ballungsgebiet Lyon insbesondere neue Technologie- und Forschungsbereiche wie zum Beispiel im Bereich der Biotechnologie etabliert haben. Ein „französisches Silicon Valley" findet man in der Region Nizza.

Es ist für einen ausländischen Investor wichtig, sich frühzeitig über die einzelnen Regionen zu informieren und sich mit ihren Gegebenheiten vertraut zu machen, und zwar in dem Sinne, ob sie sich für die Vermarktung seines Produktes beziehungsweise seiner Dienstleistung als besonders günstig und vorteilhaft erweisen.

Entsprechend groß ist der Wettbewerb der Regionen und Kommunen in Frankreich, die allesamt an neuen Investoren interessiert sind. Im Jahr 2018 hat die französische Regierung 56 Kompetenzzentren („Pôles de compétivité") ausgezeichnet, von denen 4 eine internationale Ausrichtung haben. In dem jeweiligen Cluster arbeiten Unternehmen, Forschungszentren, Hochschulen und Ausbildungseinrichtungen zusammen. Für ausländische Investoren bieten sie besonders günstige Niederlassungsbedingungen und verschaffen ihnen einen direkten Zugang zu den bestehenden Netzwerken. Entscheidend für eine Standortentscheidung sind jedoch nicht vermeintlich günstige Angebote, die in der Regel nur temporären Charakter haben; vielmehr ist wichtig, die Entscheidung ausschließlich danach auszurichten, ob aus der jeweiligen Region heraus eine optimale Kundenbelieferung und Betreuung möglich ist. Was nützt schon ein günstig erworbenes Grundstück, wenn es abseits der Kunden liegt?

Alles in allem ist Frankreich ein Wirtschaftsstandort von außergewöhnlich hoher Qualität. Frankreich ist laut einer KPMG-Wettbewerbsstudie zwischen den Ländern Deutschland, Italien, Großbritannien und den Niederlanden das Land in Europa, in dem die

Kosten einer Unternehmensansiedlung am geringsten sind. Die Kosten für die Reallöhne (inkl. Sozialabgaben) in Frankreich sind niedriger als in Deutschland, Großbritannien und den Niederlanden.

Arbeitsproduktivität je Einwohner - BIP in KKS je Einwohner

Land	2018
EU 28	108
Luxemburg	98.8
Irland	137.8
Belgien	102.6
Frankreich	**108.8**
Niederlande	104.1
Österreich	106.7
Estland	118.1
Schweden	106.5
Vereinigtes Königreich	102.8
Finnland	105.3
Italien	101.5
Deutschland	107.6
Spanien	107.2
Griechenland	93
Dänemark	108.6
Ungarn	109.3
Polen	126.7
Portugal	102.3
Litauen	123
Lettland	127.5
Rumänien	146.5
Bulgarien	122.9
Slowenien	114.2
Slowakische Republik	119.9
Tschechische Republik	112.5

Außerdem ist die Produktivität, speziell die Arbeitsproduktivität ein wichtiges Kriterium für die Wettbewerbsfähigkeit eines Landes. Bei der Betrachtung der Arbeitsproduktivität liegt Frankreich im oberen Drittel und schneidet auch im internationalen Vergleich sehr gut ab.

Zudem hat Frankreich mit einer Erwerbstätigenquote von 70,6% im Jahr 2017[10] und als größtes Land Europas beste Voraussetzungen, um auch im internationalen Vergleich in Zukunft wettbewerbsfähig zu bleiben.

Im wirtschaftlich schwierigen und wettbewerbsstarken Kontext hält Frankreich ein hohes Niveau an ausländischen Direktinvestitionen. Der enorme Zufluss durch ausländische Direktinvestitionen in Höhe von 25,6 Milliarden € im Jahr 2016[11] zeigen, dass Frankreich ein sehr attraktiver Standort ist. Zurückzuführen ist dies letztendlich zum einen auf die gute geografische Lage und die hervorragende Arbeitsproduktivität und zum anderen auf hohe Investitionen im Bereich Forschung und Entwicklung sowie zahlreiche Maßnahmen zur Standortverbesserung. Dies sind Anzeichen für eine Position Frankreichs als Drehscheibe des europäischen und internationalen Handels, gegenwärtig als auch in der näheren Zukunft. Außerdem entwickelte Frankreich in seinen exklusiven Sektoren, wie Duftstoffe und Wein, über die Jahre ein hohes Know-how und damit einen hohen Spezialisierungsgrad und wird auch künftig in wachsenden Märkten (zum Beispiel Naturkosmetik) Potentiale ausschöpfen können und damit Investoren anziehen.

3.//

GRUNDZÜGE DES FRANZÖSISCHEN HANDELS- UND KAUFRECHTS

Vor jeder Investition in einem anderen Land stehen zunächst einmal die üblichen Geschäftsbeziehungen in Form von Lieferungen und Bezügen im Vordergrund. Anfangs bedient man sich dabei eines Importeurs. Insoweit ist es von Bedeutung, das jeweilige Handels- und Kaufrecht zumindest in seinen Grundzügen zu kennen.

Bei Geschäften mit französischen **Partnern steht es** den Vertragsparteien **frei, das auf den Vertrag anwendbare Recht zu wählen**. Grundsätzlich infrage kommen dabei das Recht des Landes, in dem der Verkäufer seinen Sitz hat, das Übereinkommen der Vereinten Nationen über Verträge über den internationalen Warenkauf (CISG, United Nations Convention on Contracts for the International Sale of Goods) oder das französische Recht. In jedem Fall sollte man sich vor einer Entscheidung über die Vor- und Nachteile der jeweils anderen Rechtsordnung informieren und sich hierzu gegebenenfalls auch anwaltlich beraten lassen.

3.1// CODE DE COMMERCE CODE CIVIL

In ihren Geschäften mit französischen Kunden unterliegt eine französische Tochtergesellschaft den Bestimmungen des Code de Commerce sowie des Code Civil. Letzterer gilt als eher käuferfreundlich, was insbesondere bei technisch erklärungsbedürftigen Produkten gilt.

Im Mittelpunkt des französischen Handelsrechts steht der Begriff des Handelsgeschäfts (act de commerce). Voraussetzung für das Vorliegen eines Handelsgeschäftes ist, dass sie ein Kaufmann im Rahmen seines Gewerbes tätigt. Hierfür ist ein Eintrag in das Handelsregister erforderlich. Für die Wirkung des Eintrags wird zwischen Einzelkaufleuten und Handelsgesellschaften unterschieden. So hat die Eintragung des Einzelkaufmanns nur deklaratorische

Wirkung, das heißt, es wird lediglich das Bestehen der Kaufmannseigenschaft bezeugt. Die Eintragung begründet eine widerlegbare Vermutung. Fehlt die Eintragung, so kann sich der Kaufmann Dritten gegenüber zu seinen Gunsten nicht auf seine Kaufmannseigenschaft berufen. Andererseits hat er aber die Pflichten, die ihn als Kaufmann betreffen, zu erfüllen. Die Kaufmannseigenschaft knüpft nach französischem Recht an die berufsmäßige Tätigkeit von Handelsgeschäften an. Für die Handelsgesellschaften hat der Eintrag hingegen konstitutive Wirkung.

Ein Vertrag nach französischem Kaufrecht gemäß den Bestimmungen des Code Civil kommt grundsätzlich durch ein formfreies Angebot und dessen Annahme zustande, wobei die Schriftform zwar nicht zwingend erforderlich, aber empfehlenswert ist. Wird das Angebot nicht erwidert, sondern Abweichungen bei der Annahme von dem Angebot gemacht, ist dieses als neues Angebot zu werten. Dem Antrag kommt nur beim Handelskauf, also beim Geschäft unter Kaufleuten, Bindungswirkung zu. Die Grundsätze des kaufmännischen Bestätigungsschreibens, wie sie z.B. aus dem deutschen Handelsrecht bekannt sind, gelten im französischen Recht nicht.

Bereits mit dem wirksamen Vertragsabschluss wird nach französischem Recht der Käufer Eigentümer der Sache. Eines gesonderten Übereignungsaktes bedarf es hierfür nicht.

3.2// VERJÄHRUNG

Einreden wegen Willensmängeln, Irrtums, Drohung, arglistiger Täuschung, Sittenwidrigkeit und mangelnder Geschäftsfähigkeit sind nach dem Code Civil möglich. **Die normale Verjährungsfrist beträgt 10 Jahre, jedoch ist bei einer Vielzahl von Vorschriften eine kürzere Verjährungszeit vorgesehen.** Dagegen verjähren Ansprüche von Kaufleuten wegen Lieferung an Nichtkaufleute nach zwei Jahren. Dies gilt auch für Ansprüche von Kaufleuten auf Zahlung des Kaufpreises gegen private Käufer. Ansprüche unter Kaufleuten verjähren grundsätzlich innerhalb von 5 Jahren. Eine Unterbrechung der Verjährung tritt bei Klageerhebung sowie bei Anerkenntnis ein.

3.2// GEWÄHRLEISTUNG

Bei **Nichterfüllung und Gewährleistung** unterscheidet das französische Recht zwischen erkennbaren und verborgenen Mängeln. Erkennbare Mängel begründen keinen Gewährleistungsanspruch, es sei denn, der Käufer nimmt die Sache trotz Kenntnis des Mangels an. Der Käufer hat sodann einen Anspruch auf vertragsgemäße Erfüllung seiner Leistung. Verborgene Mängel begründen einen Gewährleistungsanspruch des Käufers. Sie liegen dann vor, wenn die Sache bereits beim Vertragsabschluss mit Fehlern behaftet war, diese aber nicht erkennbar waren und erst während des Gebrauchs sichtbar werden. Der Käufer muss die Sache unverzüglich nach Erhalt untersuchen. Im Falle eines Mangels steht ihm dann das Recht der Wandelung oder der Minderung zu. Während ein privater Käufer die erworbene Sache nur äußerlich zu prüfen hat, muss dagegen der gewerbliche Käufer die erworbene Sache einer umgehenden Prüfung unterziehen. Seine Ansprüche muss der Käufer innerhalb von zwei Jahren geltend machen.

3.4// ALLGEMEINE GESCHÄFTSBEDINGUNGEN

Allgemeine Geschäftsbedingungen, die im Geschäft mit französischen Partnern selbstverständlich **in französischer Sprache abgefasst werden müssen,** müssen dem Vertragspartner bekannt sein; zumindest muss der Käufer die Möglichkeit gehabt haben, den vollständigen AGB-Text bis zum Vertragsschluss zur Kenntnis zu nehmen. Insoweit reicht ein einfacher Hinweis auf die Geltung der Allgemeinen Geschäftsbedingungen nicht aus. Es bietet sich daher an, den Geschäftspartner die Allgemeinen Geschäftsbedingungen durch Paraphierung jeder Vertragsseite gegenzeichnen zu lassen und am Ende des Vertrages den Zusatz „lu et approuvé" (gelesen und genehmigt) aufzunehmen und vom Geschäftspartner unterschreiben zu lassen. Diese Vorgehensweise ist in Frankreich durchaus üblich.

3.5// EIGENTUMSVORBEHALT

In Frankreich ist der **Eigentumsvorbehalt** durch eine schriftliche „Eigentumsvorbehaltsklausel" (clause de réserve de propriété) möglich. Es ist ausreichend, den Kunden über den Eigentumsvorbehalt in der Auftragsbestätigung, dem Kaufvertrag, auf dem Lieferschein oder sonst im Vorfeld der Lieferung in Kenntnis zu setzen. Die schriftliche Form ist in Frankreich erforderlich, da dort das Prinzip des automatischen Eigentumsübergangs im Moment der Einigung über den Kaufvertrag gilt. In jedem Fall muss der Käufer spätestens zum Zeitpunkt der Warenabnahme positive Kenntnis über den Eigentumsvorbehalt haben. Zur Geltendmachung des Eigentumsvorbehalts kann es empfehlenswert sein, dass beide Parteien die unter Eigentumsvorbehalt gekauften und verkauften Waren in der Bilanz unter einem gesonderten Posten aufführen. Zur Wirksamkeit des Eigentumsvorbehaltes muss die Ware in einem unveränderten Zustand sein. Das heißt es kann für den Verkäufer problematisch sein, wenn die Ware verarbeitet wird.

3.6// WETTBEWERBSREGELN

Die Beachtung **des Grundsatzes von Treu und Glauben im geschäftlichen Verkehr** gilt auch im französischen Recht und bedeutet u.a., dass keine Ware mit Verlust verkauft werden darf. Das heißt: Ein Verkauf unter dem Einstandspreis ist grundsätzlich unzulässig und kann als Wettbewerbsverstoß geahndet werden. Weiterhin darf ein Hersteller dem Zwischen- oder Einzelhändler keinen Mindestpreis für den Weiterverkauf eines Produktes oder einer Dienstleistung vorschreiben. Dagegen ist zulässig, einen Preis zu empfehlen, wenn dies einen rein informativen beziehungsweise orientierenden Charakter hat. Die Angabe eines so genannten Richtpreises ist gerade bei Markenartikeln häufig vorzufinden.

3.7// INTERNATIONALER WARENKAUF

Bei internationalem Warenkauf oder -verkauf sollte im Vertrag immer die Rechtsordnung eines Staates und der Gerichtsstand genannt werden, unter dem der Vertrag geschlossen werden soll. Ist bei einem grenzüberschreitenden Warenkauf oder –verkauf nicht explizit die Rechtsordnung im Kaufvertrag genannt, ist internationales Privatrecht anwendbar. Das internationale Privatrecht ist Kollisionsrecht, d.h. dass nach bestimmten Anknüpfungspunkten entschieden wird, wessen Recht auf den konkreten Fall zur Anwendung kommt.

Frankreich ist wie die meisten europäischen Länder, die USA, Kanada, Russland und China ein Vertragsstaat des Übereinkommens der Vereinten Nationen über Verträge über den internationalen Warenkauf (CISG). **Das CISG** ist demnach dann **anwendbar, wenn Waren einer Firma von einem Vertragsstaat, an eine französische Firma exportiert werden und die Vertragsparteien nicht eine andere Rechtsordnung gewählt haben** oder die Vertragsparteien das UN-Kaufrecht als Vertragsgrundlage wählten. Das CISG sollte ohne zwingende Notwendigkeit nicht ausgeschlossen werden – schon gar nicht, um unbekanntes nationales ausländisches Recht zu vereinbaren. Es empfiehlt sich daher niemals internationales Recht auszuschließen.

Der wichtigste Unterschied zum Französischen Recht ist, dass im Französischen Recht die Kaufbedingungen fast ausschließlich in den AGBs geregelt sind. Dies betrifft auch Angebotsbedingungen und deren Annahme, während im internationalen Kaufrecht die meisten Konditionen per Gesetz genormt sind.

Ein weiterer Unterschied ist, dass der Grundsatz der Berufung auf Handelsbräuche sich auf internationale Handelsbräuche wie den INCOTERMS bezieht. Damit sind rein nationale Gepflogenheiten bei der Auslegung des Kaufvertrages nicht anwendbar. Ein wichtiger Teil des UN-Kaufrechtes ist die Untersuchungspflicht für den Warenempfänger, bei der die Ware innerhalb einer kurzen Frist zu untersuchen ist. Diese Frist wird von der Rechtsprechung sehr streng ausgelegt. Außerdem ist erwähnenswert, dass der Käufer zwei Jahre lang verborgene Mängel rügen kann.

Kommt es zu einem Rechtsstreit über die Zahlung des Kaufpreises, ist generell der Erfüllungsort der Gerichtsstand. Der Erfüllungsort ist gemäß dem UN-Kaufrecht der Ort der Zahlung, d.h. im Normalfall der Sitz des Verkäufers. Auf diese Weise wird dem **Verkäufer die**

Möglichkeit eröffnet in seinem Land zu klagen. Gerichtsstand und Rechtsordnung können hierbei unterschiedlich sein.

Generell werden im Handel mit französischen Geschäftspartnern gerne die INCOTERMS angewendet. Bei den INCOTERMS (International Commercial Terms) handelt es sich um eine Reihe von internationalen Regeln zur Definition spezifischer Handelsbedingungen im Außenhandel. Die INCOTERMS regeln die wesentlichen Käufer- und Verkäuferpflichten, Transportkosten und Gefahrenübergang. Durch die international einheitliche Auslegung sind die INCOTERMS als Vertragsbestandteil zu empfehlen, da Missverständnisse und Rechtsstreitigkeiten vermieden werden.

4.//

ABSATZ- UND VERTRIEBSWEGE

Vor der Entscheidung, in Frankreich eine Investition zu tätigen, sollte man sich unbedingt gründlich über die **Absatz- und Vertriebswege** informieren. Grundsätzlich gilt, dass ausländische Lieferanten in Frankreich an keinen bestimmten Vertriebsweg gebunden sind. Der Absatz von Waren kann daher nach Belieben erfolgen. Als Möglichkeiten sind der **direkte oder indirekte Vertrieb** gegeben. Es hängt maßgeblich von der Art und Beschaffenheit der Waren ab, welcher Vertriebsweg letztendlich gewählt wird.

4.1// DIREKTVERTRIEB

Direktvertrieb bedeutet, dass bei dieser Vertriebsart die produzierten Waren ohne Nutzung von Zwischenhändlern vom Hersteller **direkt an den Endverbraucher** geliefert werden. Insbesondere beim Verkauf von Waren über das Internet spielt der Direktvertrieb in den letzten Jahren auch in Frankreich eine zunehmend wichtige Rolle.

Aber auch das Marketing durch firmeneigene Niederlassungen, entweder über eine reine Vertriebsfirma oder über eine eigene Fertigung mit angeschlossenem Vertriebssystem, hat in den letzten Jahren an Bedeutung gewonnen. Vorteil einer eigenen Vertriebsniederlassung ist insbesondere, dass über dieses Instrument eine intensivere Marktbearbeitung erfolgen kann. Allerdings ist eine solche Vertriebs Niederlassung in aller Regel auch kostspieliger als eine unabhängige Vertretung.

4.2// INDIREKTER ABSATZ

Der indirekte Absatz wird insbesondere beim Vertrieb von Industriegütern in Frankreich aufgrund der relativ hohen Marktzugangskosten häufig als Vertriebsweg gewählt. Ausländische Lieferanten können den Vertrieb ihrer Waren zum Beispiel durch den Handel organisieren. Aber auch Handelsvertreter, Kommissionäre und Eigenhändler spielen beim indirekten Absatz nach wie vor eine nicht zu unterschätzende Rolle. Eine Reihe von Handelsunternehmen hat sich auf die Einfuhr von ausländischen Waren und den Weiterverkauf an inländische Produzenten und Händler spezialisiert. Überwiegend sind sie nach Waren und weniger nach Ländern oder Wirtschaftsregionen spezialisiert und verfügen in aller Regel über ausgeprägte Marktkenntnisse. Daher können sie vor allem solchen Lieferanten den Zugang zum französischen Markt erleichtern, die mit den Absatzbedingungen in Frankreich nicht so gut vertraut sind.

Darüber hinaus tätigen in Frankreich, wie in allen westeuropäischen Ländern, zahlreiche Unternehmen des Groß- und Einzelhandels Importgeschäfte. Dies gilt insbesondere für den Bereich der Konsumgüter. Deutlich mehr als die Hälfte der importierten Konsumgüter (z.B. Nahrungsmittel, Möbel, Textilien) werden über Warenhäuser, Supermarktketten und Versandhandelsfirmen abgesetzt.

Um sein Produkt in Frankreich erfolgreich zu vermarkten und dauerhafte Lieferbeziehungen zu erreichen, muss der ausländische Anbieter die französischen beziehungsweise westeuropäischen **Markterfordernisse berücksichtigen. Insbesondere im Hinblick auf die Produktqualität stellt der französische Markt allerhöchste Ansprüche.** Aber auch die **Aufmachung der Ware, ein wettbewerbsfähiger Preis und nicht zuletzt ein guter Service sowie die Lieferzuverlässigkeit** sind häufig von entscheidender Bedeutung. Insbesondere Großabnehmer wie die großen Warenhäuser und Supermarktketten führen strenge Warenkontrollen durch.

4.3// HANDELSVERTRETER
HANDELSVERTRETER-VERTRAG

Eine Zusammenarbeit mit so genannten **Absatzmittlern** bietet sich vor allem für solche ausländischen Firmen an, die (noch) keine eigene Niederlassung gründen möchten, die aber dennoch den französischen Markt systematisch bedienen wollen. Absatz- mittler sind zum Beispiel **Handelsvertreter oder angestellte Reisende (Voyageur représentant placier, V.R.P.).**

Den **Handelsvertretern** kommt im Geschäft mit ausländischen Firmen eine nicht zu unterschätzende Bedeutung zu. Als **selbstständiger Kaufmann** ist der Handelsvertreter auf Provisionsbasis **im fremden Namen für fremde Rechnung** tätig. Seine Aufgabe ist es, für ein oder mehrere andere Unternehmen Geschäfte zu vermitteln oder in deren Namen abzuschließen. Dabei ist es auch in Frankreich üblich, dass ein Handelsvertreter mehrere in- und ausländische Firmen vertritt, soweit diese Firmen nicht miteinander konkurrieren. Dies hat den entscheidenden Vorteil, dass der Handelsvertreter oftmals über sehr gute Marktkenntnisse und Kundenkontakte verfügt. Da beim Vertrieb in Frankreich inzwischen auch die regionale Verteilung der Wirtschaftsstandorte eine Rolle spielt, kann es für ein ausländisches Unternehmen durchaus sinnvoll sein, mit mehreren Handelsvertretern an verschiedenen Standorten zusammen zu arbeiten und sich so gewissermaßen ein Vertriebsnetz aufzubauen.

Die Rechte und Pflichten zwischen Auftraggeber einerseits und Handelsvertreter andererseits werden im **Handelsvertretervertrag** geregelt. Maßgeblich ist in der Regel das Recht des Landes, in dem der Vertreter seine Tätigkeit ausübt. Danach dürfte in der Regel französisches Recht zur Anwendung kommen, das den Handelsvertreter als selbstständigen Kaufmann behandelt.

Investoren muss jedoch auch der **größte Nachteil eines Vertriebes über Handelsvertreter** dargelegt werden. Dieser liegt darin, dass **der Kundenstamm des Handelsvertreters dem Vertreter zugerechnet** wird. Unabhängig vom Erfolg des Vertreters hat dieser bei Tod oder Kündigung einen Anspruch auf eine Ausgleichszahlung. Die Höhe der Ablösesumme für den Kundenstamm ist abhängig von der Dauer des Vertragsverhältnisses und der Rechtsprechung. In der Regel aber kann der Vertreter, oder bei Tod dessen Hinterbliebene, eine **Ausgleichszahlung in der Höhe der durchschnittlichen Provisionen der letzten zwei Jahre** verlangen. Diese Summe können viele mittelständische Betriebe nicht in kurzer Zeit aufbringen, weshalb der Auslandsabsatz eines Unternehmens oft vor dem Aus steht, wenn ein Wechsel des jeweiligen Handelsvertreters ansteht.

Der Voyageur Représentant Placier weist zahlreiche Wesenszüge des Handelsvertreters auf. Sein Status unterliegt als Angestellter jedoch ausschließlich den arbeitsrechtlichen Bestimmungen des französischen Arbeitsgesetzbuches (Code du travail) sowie einschlägigen Tarifverträgen. Der V.R.P. hat den Vorteil, dass eine Kontrolle durch den Exporteur möglich ist. Der V.R.P. ist als Arbeitnehmer nämlich weisungsgebunden. Weitere Vorteile insbesondere im Frankreichgeschäft sind, dass bei großen Vertriebsgebieten und umfassender Reisetätigkeit, die 35-Stundenwoche keine Tätigkeitsbremse ist, und das exklusive Tätigkeiten für einen Kunden vereinbart werden können. Der große Nachteil ist auch bei dieser

Vertriebsform, dass ein Ausgleichsanspruch bei Kündigung des Vertrages besteht. Jedoch berechnet sich dieser aus der vom V.R.P. erworbenen Kundschaft, die dem Exporteur verbleibt. Auch hier gestehen die Gerichte ein bis zwei Jahresprovisionen zu.

4.4// KOMMISSIONÄRE

Anders als der Handelsvertreter schließt der **Kommissionär** gewerbsmäßig **Geschäfte im eigenen Namen für fremde Rechnung** ab. Er ist ebenfalls gegen Provision tätig. Der Anspruch kommt aber grundsätzlich erst dann zu Stande, wenn das vom Kommissionär mit dem Dritten abgeschlossene Geschäft auch zur Ausführung gekommen ist. Dagegen führt der so genannte **Vertragshändler** seine **Geschäfte im eigenen Namen und auf eigene Rechnung** durch. Er ist nicht Vertreter sondern selbständiger Einfuhrhändler.

4.5// AUSLIEFERUNGSLAGER REPRÄSENTANZBÜRO

Über den Einsatz eines Importeurs oder Handelsvertreters hinaus bietet sich als vertriebsunterstützende Maßnahme auch die Einrichtung eines **Auslieferungslagers und eines Repräsentanzbüros** an. Dadurch können Lieferungen beschleunigt und Lieferkosten reduziert werden. **Mit einem Auslieferungslager wird in Frankreich noch keine Betriebsstätte begründet, womit die dort erzielten Gewinne in Frankreich weder buchungs- noch steuerpflichtig sind.** Für die nach Frankreich erfolgten Lieferungen muss jedoch die Mehrwertsteuer abgeführt werden, was aber über einen so genannten Fiskalbeauftragten oder auch durch den Exporteur selbst erfolgen kann. Die bei der Verbringung der Waren in das Auslieferungslager anfallende Umsatzsteuer kann grundsätzlich als Vorsteuer verrechnet werden.

Die Unterhaltung eines Auslieferungslagers sowie die damit verbundenen steuerlichen Regelungen werden in einer Art Dienstleistungspaket auch von den meisten größeren Speditionsgesellschaften angeboten. Wer in Frankreich ein eigenes Auslieferungslager unterhält sollte jedoch unbedingt darauf achten, sich ausschließlich auf den Warenversand sowie auf den Kundendienst zu beschränken. Keinesfalls darf eine Verkaufstätigkeit ausgeübt werden oder im Rahmen des Auslieferungslagers gar der Abschluss von Verträgen mit Kunden erfolgen. Dies hätte zur Folge, dass sich – steuerrechtlich gesehen – das Auslieferungslager zu einer Betriebstätte mit allen rechtlichen und steuerlichen Konsequenzen entwickeln würde.

Auch ein in Frankreich eingerichtetes Repräsentanzbüro hat grundsätzlich keinen Betriebstättencharakter. Über einen solches Büro können beispielsweise Werbemaßnahmen und Marktanalysen durchgeführt werden. Auch eine Produktberatung in der Vor- und Nachverkaufsphase ist möglich, nicht dagegen eine reine Verkaufstätigkeit oder der Abschluss von Lieferverträgen. Der Vorteil eines Repräsentanzbüros dürfte in erster Linie in der Nähe zum Markt und damit zum Kunden zu sehen sein, was vertriebsstrategische Entscheidungen leichter macht.

5.//

GRUNDZÜGE DES FRANZÖSISCHEN UNTERNEHMENS-RECHTS

Wer als Unternehmer bereits über einen längeren Zeitraum hinweg erfolgreich seine Waren nach Frankreich exportiert hat, wird sich im Rahmen einer langfristig ausgerichteten Geschäftsstrategie Gedanken über eine eigene Niederlassung machen. Dies kann auf verschiede Weise verwirklicht werden:

- [ ] Sitzverlegung eines im Ausland gegründeten Unternehmens (für Ausnahmen siehe Abschnitt Wegzug eines Unternehmens aus dem Ausland)
- [ ] Gründung einer Agentur, Zweigniederlassung oder Tochtergesellschaft
- [ ] Grenzüberschreitende Beteiligung am Kapital mittels Fusion oder Übernahme
- [ ] Direktinvestitionen und Joint Ventures

Wesentlich dabei ist die Frage, welche Bedeutung der französische Markt insgesamt für das ausländische Unternehmen hat.

In Frankreich bieten sich ausländischen Interessenten vielfältige Investitionsmöglichkeiten. **Firmengründungen, Firmenübernahmen und Kapitalbeteiligungen durch ausländische Investoren unterliegen in Frankreich - anders als in zahlreichen anderen Ländern - keinerlei Einschränkungen.** Hierbei gewährt das Internationale Abkommen GATS (General Agreement on Trade in Services) die Dienstleistungsfreiheit für eine kommerzielle Präsenz im Hoheitsgebiet Frankreichs, d.h. für jede Art geschäftlicher oder beruflicher Niederlassung. Innerhalb des EWR-Raums (EG-Staaten, Norwegen, Island und Lichtenstein) ist die Kapitalverkehrsfreiheit und die Niederlassungsfreiheit gewährt, so dass Unternehmen sicher investieren können.

5.1// ERWERB EINES FRANZÖSISCHEN UNTERNEHMENS

Ausländische Investoren können in Frankreich ein ganzes Unternehmen oder einen Teilbetrieb erwerben. Steuerlich gesehen ist dies der einfachste Weg einer Frankreich-Investition. Die Veräußerung von Kapitalvermögen unterliegt einer Registergebühr in folgender Höhe:

- für Gesellschaftsanteile 3%
- für Aktienvermögen 0,1

Bei der Übernahme einer Aktiengesellschaft ist darauf zu achten, dass gemäß der europäischen Übernahmerichtlinie bei bestimmten Konstellationen die Pflicht zur Abgabe eines Angebotes zum Erwerb sämtlicher Aktien besteht.

5.2// REPRÄSENTANZ

Eine Repräsentanz kann tätig werden, wenn sie in Frankreich beim Finanzamt angemeldet ist. Sie muss jedoch nicht im Handelsregister eingetragen werden. Sitz der geschäftlichen Entscheidung ist bei der Repräsentanz der Staat, in dem der Hauptsitz anzusiedeln ist. Die Repräsentanz kann hierbei von einem Treuhand-Direktor oder Geschäftsführer geleitet werden.

5.3// ZWEIGNIEDERLASSUNG UND TOCHTERGESELLSCHAFT

Grundsätzlich können neben dem schon beschriebenen Repräsentanzbüro und dem Erwerb eines Unternehmens zwei verschiedene

Niederlassungsformen unterschieden werden: Die **Zweigniederlassung als unselbstständige aber steuerbare Niederlassung mit kaufmännischen Funktionen oder die Tochtergesellschaft als selbstständige Niederlassung.**

Bei einer Zweigniederlassung bestehen gegenüber einem Repräsentanzbüro die Vorteile einer größeren Handlungsfreiheit. Denn es können direkt und selbstständig Verträge mit den Kunden abgeschlossen werden. Auch die Rechnungsstellung kann in Frankreich erfolgen. Als Betriebstätte ist die Zweigniederlassung jedoch in Frankreich für die dort erzielten Gewinne buchungs- und steuerpflichtig. Die Bilanzerstellung und Buchführung erfolgt nach französischem Recht, die Kapitalausstattung der Zweigniederlassung kann frei gestaltet werden.

Die Zweigniederlassung verfügt weder über eine eigene Rechtspersönlichkeit noch über eine eigene Kapitalstruktur. Ihre Gründung ist mit relativ geringem Aufwand verbunden. Sie sollten jedoch unbedingt beachten, dass das ausländische Mutterhaus unbeschränkt für die Verbindlichkeiten seiner Zweigniederlassung in Frankreich haftet. Weiterhin sollten mögliche Probleme bei der steuerlichen Abgrenzung der Aktivitäten der Zweigniederlassung und des Mutterhauses in Betracht gezogen werden. So besteht für das Mutterhaus die Pflicht, seinen Jahresabschluss im Rahmen der Offenlegungspflicht in Frankreich zu veröffentlichen, was in den Augen von Investoren oft wenig attraktiv wirkt. Die Offenlegungspflichten erstrecken sich auf weitere Angaben wie z.B. Konkursverfahren. Insoweit kommt in der Praxis einer Zweigniederlassung in Frankreich eine eher geringe Bedeutung zu.

Als eigene juristische Einheit trägt allein die **Tochtergesellschaft** in Frankreich entscheidend zur Vertrauensbildung bei den französischen Geschäftspartnern bei. **Die Tochtergesellschaft ist selbst-**

ständig, sie ist sowohl aus betriebswirtschaftlicher als auch aus rechtlicher Sicht ein eigenes Unternehmen**, das direkt verantwortlich für Arbeitsverträge mit den in Frankreich beschäftigten Angestellten sowie für Geschäftsverträge mit den Kunden ist. Für die in Frankreich erzielten Gewinne ist sie buchungs- und steuerpflichtig.

5.4// RECHTSFORMEN VON UNTERNEHMEN

Für welche Rechtsform man sich bei der Gründung einer französischen Tochtergesellschaft entscheidet hängt maßgeblich von der jeweiligen Interessenlage des ausländischen Investors ab. Man sollte jedoch in Betracht ziehen, dass ab einem bestimmten Umfang oder je nach Einrichtung der Geschäftsorganisation Unternehmen in Frankreich in das Handelsregister einzutragen sind, so dass zum Zwecke der Rechtsverkehrssicherheit für ein Mindestmaß an Öffentlichkeit und Zugänglichkeit gesorgt wird. Häufig werden aus steuerlichen Gründen die Gesellschaftsformen der Gesellschaft mit beschränkter Haftung (S.A.R.L., Société à Responsabilité Limitée) und der Aktiengesellschaft (S.A., Société Anonyme) in Betracht gezogen. In letzter Zeit kommt auch der vereinfachten Aktiengesellschaft (Société par actions simplifiée, S.A.S.) eine wachsende Bedeutung zu.

Als weitere Kapitalgesellschaft gibt es in Frankreich die Kommanditgesellschaft auf Aktien (S.C.A., Société en Commandite par Actions), das Einpersonenunternehmen mit beschränkter Haftung (E.U.R.L., Entreprise Unipersonelle à Responsabilité Limité) sowie die Europäische Aktiengesellschaft (S.E., Societas Europeae).

Neben diesen Kapitalgesellschaften kennt auch das französische Gesellschaftsrecht die so genannten Personengesellschaften. Sie existieren in Form der

- ☐ Offenen Handelsgesellschaft (S.N.C., Société en Nom Collectif)
- ☐ Kommanditgesellschaft (S.C.S., Société en Commandite Simple)
- ☐ wirtschaftliche Interessengemeinschaft (G.I.E., Groupement d´Intérêt Economique)
- ☐ Europäische Wirtschaftliche Interessenvereinigung (G.E.I.E., Groupement Européene d´Intérêt Economique)
- ☐ Stille Gesellschaft (S.P., Société en Participation)
- ☐ Gesellschaft bürgerlichen Rechts (S.C., Société Civile)

5.5// GESELLSCHAFT MIT BESCHRÄNKTER HAFTUNG, S.A.R.L.

Kapitalgesellschaften:

Im Folgenden soll zunächst die **Gesellschaft mit beschränkter Haftung (Société à Responsabilité Limitée S.A.R.L.)**, die mit Abstand am häufigsten gewählte Gesellschaftsform in Frankreich, behandelt werden:

Diese Gesellschaftsform, die in den Artikeln L. 223 -1 ff. des französischen Handelsgesetzbuches geregelt ist, wird gewissermaßen als französisches Pendant zu den Gesellschaften mit beschränkter Haftung gesehen, wie sie zum Beispiel aus dem deutschen beziehungsweise aus dem österreichischen Handelsrecht bekannt sind. Aus französischer Sicht wird die S.A.R.L. jedoch eher als eine Zwischenform zwischen Personen- und Kapitalgesellschaft gesehen, denn ihr Gesellschaftskapital ist in nicht frei übertragbare Geschäftsanteile (außer unter Gesellschaftern) aufgeteilt; bei Sacheinlagen besteht unter bestimmten Umständen sogar eine persönliche Haftung Dritten gegenüber.

Zulässig ist auch eine Einmanngesellschaft, die dann als E.U.R.L. geführt wird, doch dazu später mehr. Die Höchstzahl der Gesellschafter ist auf 100 begrenzt. Wird diese Bestimmung nicht eingehalten, dann muss sich die Gesellschaft innerhalb einer Frist von einem Jahr in eine Aktiengesellschaft S.A. umwandeln, wenn sie nicht von Gesetzes wegen gelöscht werden soll.

Die Gründung einer französischen S.A.R.L. ist mit relativ geringem bürokratischen Aufwand verbunden. Die Einschaltung eines Notars ist nicht notwendig. Nachdem die Satzungen festgelegt sind werden sie nach Einzahlung der Einlage auf ein Sperrkonto bei einer Bank oder einem Notar von den Gesellschaftern unterzeichnet. Danach muss die S.A.R.L. innerhalb eines Monats beim örtlichen Finanzamt registriert werden, dabei ist die Gesellschaftssteuer sowie eine so genannte Stempelsteuer zu entrichten.

Was die Satzung einer S.A.R.L. betrifft, so muss sie zwingend Angaben zur Rechtsform, zum Geschäftsgegenstand, zum Firmensitz, zum Namen und zum Gründungsdatum der Firma, zum Stammkapital und den Einlagen sowie zum Geschäftsjahr und Geschäftsführer enthalten. Nach der Hinterlegung der Gründungsunterlagen beim örtlich zuständigen Handelsgericht erfolgt danach die Eintragung der S.A.R.L. ins Handelsregister, womit die Gesellschaft dann ihre volle Handlungsfähigkeit erhält.

In Frankreich besteht die EG-weit einzigartige Besonderheit, dass der Rechtsformzusatz einer S.A.R.L. die Höhe des gesellschaftsgründungsvertraglich beschränkten Haftungskapitals ausweisen muss, so dass eine vollständige Firmierung beispielsweise „XYZ S.A.R.L. au capital de EUR 15.000" lautet.

Die Verwaltung einer S.A.R.L. erfolgt durch einen oder durch mehrere Geschäftsführer („gérant"). Dieser oder diese sind nach außen stets alleinvertretungsberechtigt. Im Innenverhältnis kann ihr Aufgaben- und Verantwortungsbereich durchaus aufgrund entsprechender Beschlüsse der Gesellschafter begrenzt sein. Geschäftsführer können auch Gesellschafter sein. Die Ernennung oder die Abberufung eines oder mehrerer Geschäftsführer ist mit einfacher Mehrheit der Gesellschafter möglich. Diese muss jedoch mindestens 50% des Kapitals ausmachen.

Beschlüsse der Gesellschaft können entweder im Rahmen einer Gesellschafterversammlung oder durch schriftliche Umfrage bei den Gesellschaftern erfolgen. Zwingend ist die Protokollierung der Ergebnisse. Man unterscheidet bei Abstimmungen zwischen so genannten ordentlichen Beschlüssen, die lediglich eine einfache Mehrheit erfordern sowie außerordentlichen Beschlüssen, die eine Dreiviertelmehrheit der anwesenden oder vertretenden Anteilseigner erfordern. Dabei richtet sich die Gewichtung der einzelnen Stimmen nach der Höhe der Einlagen.

Alle S.A.R.L. sind zur Hinterlegung der Bilanz beim Handelsregister verpflichtet. Bei größeren S.A.R.L., die mehr als 8 Millionen € Umsatz ohne Steuern im Geschäftsjahr tätigen und/ oder eine Bilanzsumme von mehr als 4 Millionen € aufweisen und/oder mehr als 50 Mitarbeiter beschäftigen (zwei dieser drei Kriterien müssen erfüllt sein!) muss ein Abschlussprüfer bestellt werden, wie dies bei der Aktiengesellschaft S.A. der Fall ist.

Was die Kapitalausstattung einer S.A.R.L. betrifft, so reicht in der Regel das Mindestkapital von 1 € nicht aus, um die Gesellschaft damit auf längere Sicht zu finanzieren. Im Rahmen einer außerordentlichen Gesellschaftsversammlung kann beispielsweise eine Kapitalerhöhung beschlossen werden. Derartige Kapitalerhöhungen können durch Bar- oder Sacheinlagen aber auch durch die Verrechnung mit fälligen Forderungen erfolgen.

Das Nennkapital der S.A.R.L. muss mindestens zur Hälfte durch Eigenkapital gedeckt sein. Soweit Verluste zu einer Unterdeckung um mehr als die Hälfte des Nennkapitals führen, muss ein Beschluss zur Nichtauflösung der Gesellschaft gefasst werden. Die Unterdeckung darf jedoch eine Frist von zwei Jahren nicht überschreiten.

Die S. A. R. L. unterliegt als Kapitalgesellschaft bei der Versteuerung ihrer Gewinne der Körperschaftsteuer. In bestimmten Fällen kann auch für eine Einkommensbesteuerung auf der Ebene der Gesellschafter optiert werden.

5.6// EINPERSONENGESELLSCHAFT MIT BESCHRÄNKTER HAFTUNG E.U.R.L.

Das **Einpersonenunternehmen mit beschränkter Haftung E.U.R.L.** ist gewissermaßen eine Mischform zwischen Einzelunternehmen und Gesellschaft mit beschränkter Haftung. Seit 2003 beträgt ihr Mindestkapital 1 €. Wesentliches Merkmal der E.U.R.L. ist die Möglichkeit der Gründung durch eine einzelne natürliche oder juristische Person. Nur liegt hier eine Besonderheit vor, dass die Einpersonengesellschaft selbst nicht Gesellschafter einer anderen Einpersonengesellschaft sein kann. Der Einzelgesellschafter haftet nur bis zur Höhe seiner Einlage. Was die Besteuerung betrifft, so kann er zwischen Einkommensteuer und Körperschaftsteuer wählen. Im Übrigen gelten weitgehend die Bestimmungen über die Gesellschaft mit beschränkter Haftung.

5.7// AKTIENGESELLSCHAFT, S.A.

Anders als in vielen anderen europäischen Ländern wird in Frankreich häufig selbst für kleinere und mittelgroße Betriebe die Rechtsform der **Aktiengesellschaft (Société Anonyme, S.A.)** gewählt

(Artikel L. 224-1 ff. des französischen Handelsgesetzbuches). Es sind bei der Gründung mindestens zwei Gesellschafter erforderlich; das Mindestkapital beträgt 37.000 €. Mindestens 50% müssen auf Bareinlagen eingezahlt werden, die restlichen 50% innerhalb von fünf Jahren. Die Zeichnung und Einzahlung des Kapitals erfolgt nach dem Satzungsentwurf auf ein Sperrkonto, danach erfolgt die Unterzeichnung des Gesellschaftsvertrages. Wie bei der S.A.R.L. ist auch bei der S.A. dabei nicht in die Einschaltung eines Notars erforderlich.

Es gibt zwei Formen der Aktiengesellschaft S.A., die sich im Wesentlichen durch ihre Organe unterscheiden: Die **S.A. mit Vorstand und Aufsichtsrat, wie sie zum Beispiel in Deutschland bekannt ist, sowie die traditionelle französische S.A. mit einem Verwaltungsrat.** Dieser besteht aus mindestens 3 bis zu höchstens 18 Mitgliedern, die jederzeit von der Hauptversammlung abberufen werden beziehungsweise zurücktreten können. Der Verwaltungsrat kommt jährlich zur Verabschiedung des Jahresabschlusses zusammen; er ernennt aus seiner Mitte einen Vorsitzenden („président du conseil d′administration").

Seit dem Wirtschaftsgesetz vom 15.05.2001 hat der Verwaltungsrat auch die Aufgabe, die Leitlinien der Unternehmenspolitik zu bestimmen und die Umsetzung zu kontrollieren. Im Prinzip kann der Verwaltungsrat in alle Verhandlungen eingreifen, wenn dies zum ordentlichen Funktionieren der Gesellschaft erforderlich ist. Nach der aktuellen Rechtslage hat nunmehr der Generaldirektor („directeur général") die Vollmachten zur allumfassenden Geschäftsführung. Unter anderem obliegt es ihm, die Arbeiten des Verwaltungsrates zu koordinieren und die Gesellschaft gegenüber Dritten und den Aktionären zu vertreten.

War der Generaldirektor bisher eher ein ausführendes Organ des Präsidenten, so ist er nach der neuen Rechtslage für das operative

Geschäft der Gesellschaft zuständig. Nach den Regelungen des französischen Handelsgesetzbuches kann sich der Generaldirektor vertreten lassen und zwar durch bis zu fünf „directeurs généraux délegues". Diese haben die gleichen Befugnisse wie der Generaldirektor.

Der Verwaltungsrat wird vom Präsidenten geleitet. Der Präsident vertritt wiederum den Verwaltungsrat gegenüber der Hauptversammlung. Die Beschlussfassung der Aktionäre findet jährlich mindestens einmal im Rahmen der Hauptversammlung statt. Sie hat unter anderem die Aufgabe, den Jahresabschluss zu genehmigen. In der Hauptversammlung wird grundsätzlich mit einfacher Mehrheit entschieden. Dagegen bedürfen Satzungsänderungen einer Mehrheit von zwei Dritteln der anwesenden oder der vertretenen Stimmrechte.

Die S.A. unterliegt einer strengen Prüfungspflicht. So müssen bei der Geschäftsstelle des zuständigen Handelsgerichts jährlich folgende Dokumente hinterlegt werden und zwar binnen einer Frist von einem Monat nach Genehmigung durch die Hauptversammlung: der Jahresabschluss, der Geschäftsbericht, der Bericht des Abschlussprüfers sowie der Beschluss über die Ergebnisverwendung.

Die Prüfung der Jahresabschlüsse erfolgt durch einen auf sechs Jahre bestellten Wirtschaftsprüfer (Commisaire aux Comptes).

Die S.A. verfügt über Inhaber- und Namensaktien, wobei die Inhaberaktien den so genannten Publikumsgesellschaften vorbehalten sind. Was die Übertragung von Aktien betrifft, so erfolgt diese vertraglich oder durch einseitige Übertragungserklärung. Sie unterliegt einer Registersteuer von einem Prozent des vereinbarten Preises oder des höheren Aktienwertes.

5.8// VEREINFACHTE AKTIENGESELLSCHAFT, S.A.S.

Neben der Aktiengesellschaft klassischen Zuschnitts gibt es seit 1994 die so genannte **Vereinfachte Aktiengesellschaft S.A.S.**, die ursprünglich als Kooperationsinstrument für große Unternehmen mit einem Mindestkapital von 1,5 Millionen Francs gedacht war. Die S.A.S. soll die Zusammenarbeit zwischen Unternehmen fördern; sie ist von den strikten Anforderungen des Anlegerschutzes befreit. Seit einer Gesetzesänderung im Jahre 1999 steht die S.A.S. jetzt auch kleinen und mittleren Unternehmen sowie natürlichen Personen als Gesellschaftsform zur Verfügung. Sie kann sogar als Einpersonengesellschaft geführt werden. Die wesentlichen Vorteile bei der S.A.S. liegen in der weitgehenden Gestaltungsfreiheit ihrer Satzung, was ihr im Gegensatz zur klassischen Aktiengesellschaft einen weiten Spielraum gibt, insbesondere bei der Gestaltung ihrer Organisations- und Managementstruktur. Insoweit kommt der sorgfältigen Ausarbeitung des Gesellschaftsvertrages einer S.A.S. eine große Bedeutung zu.

Die S.A.S. wird mit Unterzeichnung der Gesellschaftssatzung und der Zeichnung der Aktien rechtlich wirksam. Die Satzung muss innerhalb eines Monats beim örtlichen Finanzamt hinterlegt werden, wobei die Register- und Stempelsteuer gezahlt werden muss.

Wie bei der S.A.R.L. normalen Zuschnitts so beträgt auch bei der S.A.S. das Mindestkapital 1 €. Es muss bei der Gründung mindestens zur Hälfte eingezahlt sein, wobei auch hier die Einzahlung des Restbetrages im Laufe der folgenden fünf Jahre erfolgen muss. Was die Gesellschaftsrechte bei der S.A.S. betrifft, so werden diese durch Namensaktien dargestellt, die in Form von Gesellschafterkonten geführt werden.

Im Außenverhältnis wird die vereinfachte Aktiengesellschaft durch ihren Vorsitzenden vertreten. Dieser wird entweder durch die Hauptversammlung, den alleinigen Aktionär oder den Aufsichtsrat bestellt. Der Vorsitzende kann auch eine juristische Person sein.

Zusätzlich zu ihm kann ein Generaldirektor (directeur général) berufen werden. Dabei ist zwingend vorgeschrieben, dass dieser mit einer schriftlichen Vollmacht versehen ist, die zeitliche sowie inhaltliche Begrenzungen festlegen. Der Generaldirektor einer S.A.S. ist damit zwar im Innenverhältnis weitgehend autark. Er verfügt jedoch im Außenverhältnis nicht über eine uneingeschränkte Alleinvertretung des Unternehmens wie z.b. der Directeur Général einer S.A.

Gegenüber dem Aufsichtsrat bestehen Auskunftspflichten. Sofern die S.A.S. aufgrund ihrer Organisationsstruktur keinen Aufsichtsrat hat, muss dennoch eine entsprechende Auskunftsregelung in der Satzung enthalten sein.

Beschlüsse der Gesellschafter werden in der Hauptversammlung gefasst. Der Vorsitzende stellt den Jahresabschluss auf und legt ihn der Hauptversammlung vor Ablauf von sechs Monaten vor. Da die S.A.S. wie auch die S.A. einer unbeschränkten Prüfungspflicht unterliegt sind ihr Jahresabschluss, ihr Geschäftsbericht, der Bericht des Abschlussprüfers sowie der Beschluss über die Ergebnisverwendung beim Handelsregister zu hinterlegen.

Zwar werden in Frankreich, wie bereits dargestellt, als häufigste Gesellschaftsformen die S.A.R.L, die S.A. beziehungsweise die S.A.S. gewählt. Der Vollständigkeit halber wird nachfolgend eine Kurzübersicht über einige weitere nach dem französischen Handelsgesetzbuch mögliche Gesellschaftsformen und deren wesentliche Merkmale gegeben:

INVESTITIONSFÜHRER FRANKREICH

	S.A.R.L. - Gesellschaft mit beschränkter Haftung
Geschäftsführer	Ein oder mehrere Geschäftsführer, zwingend natürliche Personen, Gesellschafter oder Nichtgesellschafter
Status des Geschäftsführers	Der Geschäftsführer hat generell keinen Arbeitsvertrag sein Verhältnis zur Gesellschaft ist in der Gesellschaftssatzung geregelt
Ernennung und Abberufung des Geschäftsführers	Beschluss der Gesellschafter mit der Mehrheit der Gesellschaftsanteile. Gewährung einer Entschädigung bei Fehlen wichtiger Gründe
Mindestkapital	Keines: Ausreichende Kapitaldeckung zur Deckung des langfristigen Finanzierungs-bedarfs. Höhe in der Satzung festgelegt. Beschränkungen für die Ausgabe von Obligationen. Es muss mindestens ein Fünftel des Kapitals bei Gründung eingezahlt sein, der Rest innerhalb von 5 Jahren
Einlagen	Gesellschaftseinlagen in Form von Dienstleistungen möglich
Gesellschafter / Aktionäre	Zwischen 2 und 100 (natürliche oder juristische Personen)
Erforderliche Anwesenheit bei Gesellschaftsversammlungen	25% der Anteile bei der 1. Einberufung, 20% bei der 2. Einberufung der außerordentlichen Hauptversammlung (gilt für gegründete SARL nach 2005, vor 2005 gibt es keine erforderliche Anzahl)
Sperrminderheit	AHV: 33% + 1 Stimme für eine Satzungsänderung OH 50% der Anteile (oder Mehrheit der abgegebenen Stimmen bei der 2. Einberufung)
Haftung der Gesellschafter oder Aktionäre	Begrenzt auf die Einlagen, außer bei zivil- oder strafrechtlicher Haftung
Übertragung von Anteilen	Die Übertragung von Anteilen unterliegt einer Registersteuer in Höhe von 0,1% für Aktien und 3% für Anteile
Rechnungsprüfer	Rechnungsprüfer erforderlich, wenn zwei der drei folgenden Grenzen überschritten werden: Nettoumsatz über 8 Mio. €; Gesamtbilanz über 4 Mio. mehr als 50 Angestellte
Steuerliche Veranlagung	Körperschaftssteuer oder optional Einkommensteuer (unter mehreren Bedingungen)

GRUNDZÜGE DES FRANZÖSISCHEN UNTERNEHMENSRECHTS

S.A. - Aktiengesellschaft	S.A.S. - Vereinfachte Aktiengesellschaft
Eine natürliche Person als PDG (Vorsitzender des Verwaltungsrats und Generaldirektor) oder zwei natürliche Personen (ein Präsident und ein Generaldirektor). Stellvertretende Generaldirektoren (maximal 5). Verwaltungsrat mit 3 bis 18 Mitgliedern (Rechnungsprüfer erforderlich)	Mindestens ein Vorsitzender (natürliche oder juristische Person) mit der Möglichkeit, ein geschäftsführendes Organ zu bilden, dessen Vorsitz er führt. Die SAS kann durch eine in der Satzung bevollmächtigte Person vertreten werden (GD, stellvertretende GD)
Der Verwaltungsratsvorsitzende kann einen Arbeitsvertrag besitzen, wenn die Bedingungen erfüllt sind (klar abgetrennt vom Gesellschaftsamt, Unterordnungsverhältnis)	
Erfolgt durch den Verwaltungsrat	In der Satzung frei festgelegt
37 000 € Bei der Gründung muss die Hälfte des Kapitals eingezahlt sein, der Rest innerhalb von 5 Jahren	Keines: Ausreichende Kapitaldeckung zur Deckung des langfristigen Finanzierungsbedarfs. Höhe in der Satzung festgelegt. Beschränkungen für die Ausgabe von Obligationen. Es muss mindestens ein Fünftel des Kapitals bei Gründung eingezahlt sein, der Rest innerhalb von 5 Jahren
Gesellschaftseinlagen in Form von Dienstleistungen untersagt	Gesellschaftseinlagen in Form von Dienstleistungen möglich
Mindestens 7 (mindestens eine natürliche Person)	Mindestens 1 Gesellschafter, juristische oder natürliche Person
Bei der AHV 25% der Stimmrechte bei der 1. Einberufung, 20% bei der 2. Einberufung. Bei der ordentlichen HV 20% bei der 1. Einberufung und keine Mindestanwesenheit bei der 2. Einberufung	Frei festgelegt in der Satzung, keine Pflicht, eine Aktionärshauptversammlung zu besitzen
1/3 der abgegebenen Stimmen +1 Stimme in der AHV, 50% der abgegebenen Stimmen +1 Stimme in der OHV	Frei festlegbar in der Satzung
Rechnungsprüfer erforderlich	Rechnungsprüfer erforderlich für Gesellschaften, die von einer anderen Gesellschaft gehalten werden (oder eine andere Gesellschaft halten), ANSONSTEN Rechnungsprüfer erforderlich, wenn zwei der drei folgenden Grenzwerte überschritten werden: Nettoumsatz über 8 Mio. €; Gesamtbilanz über 4 Mio. €; mehr als 50 Angestellte

5.9// OFFENE HANDELSGESELLSCHAFT, S.N.C.

Personengesellschaften:

Die **Offene Handelsgesellschaft S.N.C.** sieht mindestens zwei Gesellschafter vor, die unbeschränkt und solidarisch haften. Ein Mindestkapital ist nicht vorgeschrieben. Der Gesellschaftsvertrag bedarf der Schriftform. Es ist eine Anzeige in einem Amtsblatt am Sitz der Gesellschaft, die Eintragung ins Handelsregister sowie die Veröffentlichung im Bulletin „Officiel des Annonces Commercial" erforderlich. Die S.N.C. kann einen oder mehrere Geschäftsführer haben. Ihr oberstes Organ ist die Gesellschafterversammlung. Diese muss innerhalb von sechs Monaten nach Ende des Wirtschaftsjahres abgehalten werden. Jeder Gesellschafter kann die Einberufung einer Gesellschafterversammlung verlangen. Diese erfolgt durch die Geschäftsführung. Als Personengesellschaft ist die S.N.C. selbst nicht steuerpflichtig. Vielmehr sind es ausschließlich die Gesellschafter mit ihrem Gewinnanteil.

5.10// KOMMANDITGESELLSCHAFT, S.C.S.

Die **Kommanditgesellschaft S.C.S.** hat mindestens einen Komplementär, der unbeschränkt haftet. Die Haftung der Kommanditisten ist auf ihre Einlage beschränkt. Geschäftsführer sind grundsätzlich alle Komplementäre, hingegen kann ein Kommanditist nicht als Geschäftsführer fungieren. Die Gesellschafterversammlung ist das oberste Organ. Sie ist zwingend zur Genehmigung des Jahresabschlusses einzuberufen. Jeder Komplementär und ein Viertel der Kommanditisten kann die Einberufung der Versammlung verlangen, wobei diese durch die Geschäftsführung erfolgt.

5.11// KOMMANDITGESELLSCHAFT AUF AKTIEN, S.C.A.

Neben der S.A. und der S.A.S. kennt das französische Handelsrecht als weitere Kapitalgesellschaft insbesondere noch die **Kommanditgesellschaft auf Aktien, S.C.A.**. Wie bei den Aktiengesellschaften beträgt ihr Mindestkapital 37.000 €. Mindestens ein Gesellschafter ist Komplementär, mindestens drei sind Kommanditisten. Die S.C.A. hat einen oder mehrere Geschäftsführer, wobei Kommanditisten diese Funktion nicht ausüben können. Ein Aufsichtsrat, der aus mindestens drei Mitgliedern besteht, ist obligatorisch. Er wird von der Hauptversammlung der Aktionäre ernannt. Die Gründungsformalitäten entsprechen weitgehend denen der Aktiengesellschaften.

5.12// GESELLSCHAFT BÜRGERLICHEN RECHTS, S.C.

Die **Gesellschaft bürgerlichen Rechts S.C.** ist in Frankreich, anders als beispielsweise im deutschem Recht, keine wirtschaftende Gesellschaft und darf somit keine gewerbliche Tätigkeit ausüben; sie spielt damit in der Wirtschaftspraxis keine Rolle.

5.13// EUROPÄISCHER WIRTSCHAFTLICHER INTERESSENVEREIN, G.E.I.E.

Europäische Gesellschaftsformen:

Die **G.E.I.E. dient** der grenzüberschreitenden Zusammenarbeit von Unternehmen und **Angehörigen freier Berufe** mit dem Ziel, die wirtschaftliche Tätigkeit der Mitglieder zu erleichtern oder zu entwickeln sowie die Ergebnisse dieser Tätigkeit zu verbessern oder zu steigern. Der G.E.I.E. steht grundsätzlich jede Tätigkeit offen, die rechtlich zulässig ist; **über die Grenzen der Mitgliedstaaten hinweg sollen Unternehmens-kooperationen gefördert werden.**

Die Mitglieder einer G.E.I.E. haften unbeschränkt und gesamtschuldnerisch für Verbindlichkeiten der Vereinigung. Gegenüber Dritten ist eine Vereinbarung unter den Mitgliedern, die eine Haftung beschränken oder ausschließen soll, unwirksam.

5.14// SOCIETAS EUROPAEA, S.E.

Hingegen ist die **S.E.** eine Rechtsform für solche Unternehmen, die in unterschiedlichen Mitgliedstaaten der EG tätig sind oder tätig zu werden beabsichtigen. Die S.E. ist eine juristische Person, deren Kapital in Wertpapiere aufgeteilt ist; das gezeichnete Kapital muss mind. 120.000 € betragen und ihr Sitz muss sich in demjenigen Mitgliedsstaat befinden in dem ihre Hauptverwaltung angesiedelt ist. Für die Gründung einer S.E. stehen vier verschiedene Möglichkeiten zur Verfügung: Durch Verschmelzung (auch zweier S.E.), Gründung einer Holding-SE oder einer Tochter-SE sowie die Umwandlung einer Aktiengesellschaft.

Die **innere Organisationsstruktur kann** insofern **frei gestaltet werden**, als dass ein dualistisches oder ein monistisches System zur Verfügung stehen.

Die Vorteile einer Europäischen Gesellschaft liegen in der Rechtssicherheit in ganz Europa, einem stabilen internen einheitlichen Rechtssystem und einer einheitlichen Organisationsstruktur im gesamten Unternehmen.

5.15// EINZELUNTERNEHMEN MIT BESCHRÄNKTER HAFTUNG E.I.R.L.

Der Einzelunternehmer mit beschränkter Haftung (entrepreneur individuel à responsabilité limitée / E.I.R.L.) ist ein Status, der für Einzelunternehmer gedacht ist, die beschließen, den Umfang ihrer Haftung zu beschränken, indem sie ein Vermögen bilden, das sie ihrer beruflichen Tätigkeit zuordnen, ohne eine juristische Person zu gründen. Es handelt sich nicht um eine neue Rechtsform.

Die E.I.R.L. übernimmt die Merkmale eines Einzelunternehmens, unterscheidet sich von diesem jedoch in zwei Punkten: 1. Umfang der Haftung 2. Möglichkeit, in bestimmten Fällen für die Körperschaftsteuer zu optieren.

5.16// FORMALITÄTEN BEI DER GRÜNDUNG EINES UNTERNEHMENS

Soweit Entscheidungen über die Art der Niederlassung sowie deren Rechtsform und Standort getroffen wurden, können die **notwendigen Formalitäten zur Gründung eines Unternehmens** eingeleitet werden. Für Angehörige aus den Staaten der Europäischen Union ist dieser Gründungsprozess mit relativ geringen administrativen Aufwand verbunden. Zur Vereinfachung der bei der Gründung eines Unternehmens erforderlichen Anträge beziehungsweise Meldungen wurden **zentrale Anlaufstellen** geschaffen. Diese nehmen alle Anträge, beziehungsweise Meldungen entgegen und leiten sie ihrerseits an andere zuständige Stellen weiter. Mit der offiziellen Registrierung eines Unternehmens im Handelsregister werden also automatisch die Behörden und Institutionen der Steuerverwaltung, der Sozialversicherung und der Arbeitsverwaltung über die Neugründung des Unternehmens informiert. Mit der Hinterlegung beim

Handelsregister erhält der Antragsteller eine Empfangsbestätigung über die Gründung seines Unternehmens (RCE, récépissé de création d´entreprise), mit dem ihm auch eine so genannte SIREN-SIRET-Nummer zugeteilt wird; damit kann dann eine Anmeldung bei weiteren Behörden und Banken erfolgen.

Das **Handels- und Gesellschaftsregister (Registre du Commerce et des Sociétés)** wird in der Regel bei der Geschäftsstelle des örtlich zuständigen **Handelsgerichts (Tribunal du Commerce)** geführt. Zur Eintragung in das Handelsregister sind die nachfolgend aufgeführten Unterlagen vorzulegen:

- [ ] Gesellschaftssatzung
- [ ] Beschluss über die Bestellung der Vertretungsorgane
- [ ] Personalausweiskopien der Vertretungsorgane sowie Erklärung
- [ ] über die Befähigung zur Ausübung einer Organfunktion
- [ ] Bankbestätigung über die Einzahlung des Gesellschaftskapitals
- [ ] Kopie des Miet- oder Kaufvertrages über Geschäftsräume
- [ ] Bekanntmachung im Bulletin „Officiel des Annonces Commerciales"

In Frankreich ist für bestimmte hoheitliche Tätigkeiten ein Notar nötig. Dies betrifft insbesondere Eintragungen in Grundbüchern. Bei einem Immobilienkauf muss deshalb ein Investor einen Notar einschalten. Darüber ob die exklusive Tätigkeit eines Notars erforderlich ist, entscheidet zurzeit der Europäische Gerichtshof. Für Eintragungen in das Handelsregister ist kein Notar erforderlich.

Auf den **Geschäftspapieren ist die Höhe des Stamm- bzw. des Grundkapitals zwingend anzugeben**. Darüber hinaus sind die Handelsregisternummer sowie die SIREN-Nummer anzugeben.

5.17// GEWERBE-ERLAUBNIS

Für Staatsangehörige aus Mitgliedsländern der Europäischen Union ist eine Gewerbeerlaubnis nicht erforderlich. Angehörige anderer Staaten benötigen dagegen eine „Carte de Commercant Étranger".

5.18// GEWERBLICHER MIETVERTRAG

Entscheidet man sich, Büro- oder Produktionsräume anzumieten, so ist dafür der Abschluss eines **gewerblichen Mietvertrages** erforderlich. Die gesetzlich normierte Mindestlaufzeit gewerblicher Mietverträge beträgt neun Jahre, wobei der Eigentümer in dieser Zeit fest an den Vertrag gebunden ist. Dagegen kann der Mieter den Vertrag jeweils zum Ende einer verkürzten Laufzeit von drei beziehungsweise sechs Jahren kündigen. Dabei ist die Einhaltung einer Kündigungsfrist von sechs Monaten zu beachten. Nach Ablauf der Vertragsdauer hat der Mieter gegenüber dem Vermieter einen Anspruch auf Fortführung des Mietvertrages.

5.19// VERZUG EINES UNTERNEHMENS AUS DEM AUSLAND

Grundsätzlich ist es in Frankreich nicht zulässig, privaten Wohnraum überwiegend oder teilweise als Geschäftsadresse zu benutzen. Jedoch kann bei Neugründungen in Ausnahmefällen auch die private Wohnung des Niederlassungsleiters als vorläufige Geschäftsadresse dienen, wobei der Zeitraum nicht länger als fünf Jahre sein darf.

Bei gewerblichen Mietverträgen ist zu berücksichtigen, dass in der Regel eine vierteljährliche Vorauszahlung sowie eine Kaution in Höhe von drei Monatsmieten üblich ist, die in Frankreich normalerweise nicht verzinst wird. Auch sehen gewerbliche Mietverträge eine jährliche Mieterhöhung in Anlehnung an den Baukostenindex vor. Entsprechend der Miete erhöht sich dann auch die Kaution.

Alternativ zu einer Neugründung eines Unternehmens in Frankreich käme auch der Verzug einer Gesellschaft aus dem Ausland in Frage. Hierbei ist innerhalb der EG, dem EWR-Raum und einigen Staaten mit denen Frankreich Freundschaftsabkommen unterhält, die Gründungstheorie entscheidend. Das heißt, dass juristische Personen anderer Vertragsstaaten gegenseitig anerkannt werden. Die Gründungstheorie gewährleistet somit Rechts-, Geschäfts- und Handlungsfähigkeit von Gesellschaften. Um umzuziehen, kann sich in der Praxis eine im Ausland gegründete Gesellschaft einfach im französischen Handelsregister eintragen lassen. Der Vorteil bei diesem Vorgang besteht darin, dass die Gesellschaft im Innenverhältnis nach dem Recht des jeweiligen Gründungsstaates behandelt wird, aber im Außenverhältnis dem französischen Recht unterliegt. Somit können altbewährte Gesellschafterstrukturen des umziehenden Unternehmens beibehalten werden. Auch müssen bei dem Verzug nicht die Gründungsvoraussetzungen von Frankreich vorliegen, vielmehr kann das Unternehmen von den unterschiedlichen Gründungsvoraussetzungen in Europa profitieren. Aber auch im Arbeitnehmer– Arbeitgeberverhältnis wird das Recht des Ursprungsstaates beibehalten, was jedoch nicht das Sozialrecht betrifft. Hier ist dann französisches Sozialrecht anwendbar. Der Nachteil eines Firmenverzuges aus dem Ausland ist jedoch, dass ein französischer Kunde nicht mit der Firmierung des Unternehmens vertraut ist.

Generell können alle Kapitalgesellschaften aus dem EG- und EWR-Ausland nach Frankreich umziehen, ausgenommen deutsche und ungarische Kapitalgesellschaften. Der Grund liegt im „Wegzugsverbot" des deutschen beziehungsweise ungarischen Gesellschaftsrechts.

Wichtig ist, dass Kapitalgesellschaften die nicht von Frankreich anerkannt werden zwar in Frankreich Geschäfte machen können, aber nicht prozessfähig sind. Sie können verklagt werden, sind aber selbst nicht befugt zu klagen. In besonderen Fällen kommt auch noch die Durchgriffshaftung hinzu, wobei nicht die Gesellschaft mit ihrem Vermögen haftet, sondern mangels Rechtsfähigkeit der Gesellschafter des Unternehmens persönlich.

5.20// ANERKENNUNG VON URKUNDEN, DOKUMENTEN UND SCHRIFTSTÜCKEN

Zur leichteren Gründung von Gesellschaften mittels ausländischer Gesellschafter und Anerkennung von Dokumenten im Ausland, erkennt die französische Administration Urkunden von Behörden aus dem Ausland ohne konsularische Bestätigung an. Dies betrifft allerdings nur Staaten die Vertragstaaten der „Haager Apostille" sind, was auf fast alle wichtigen Industrieländer zutrifft.

5.21// ALTERNATIVEN ZUR RECHTSFORMWAHL ZUR GEWÄHRLEISTUNG VON HAFTUNGSAUSSCHLUSS

Sofern es sich um Gründer von Kleinstunternehmen handelt, ist es nicht auszuschließen, dass es sich bei der Entscheidung zwischen möglichen Rechtsformen um eine Wahl zwischen solchen Rechtsformen handelt, die die zum Gründungszeitpunkt verfügbaren finanziellen Möglichkeiten überreizt. In dem Fall kann der Unternehmer als Einzelunternehmer auftreten.

Statt zur Vermeidung der unbeschränkten persönlichen Haftung eine mindestkapitalgünstige französische S.A.R.L. zu gründen, könnten Gründer zunächst die Alternative einer **Berufshaftpflichtversicherung** prüfen. Diese Versicherungen werden für die meisten Branchen angeboten und sind insbesondere bei Freiberuflern, wie Ärzten oder Anwälten üblich. Zumindest im Falle eines Schadens, der keinen rechtsmissbräuchlichen Hintergrund aufweist, können nicht nur die persönliche Haftung begrenzt, sondern auch Insolvenzen abgewendet werden.

Statt zwischen gegebenen Rechtsformen mit ihren nachgelagerten Kosten (Gründungskosten, laufende Kosten und zukünftige, beispielsweise buchhalterische Kosten) zu entscheiden, kann der Unternehmer den Vergleich mit einer Versicherung als Alternative suchen. Problematisch ist hierbei, dass sich die Versicherung ausschließlich auf die Haftung bezieht, also keine darüber hinaus gehenden strategischen, vertrieblichen oder produktionsbezogenen Überlegungen angestellt werden. Für solche Unternehmen, die eine hohe Betriebsmittelintensität aufweisen, ist die Lösung der Haftungsfrage ausschließlich über Versicherungen nicht ausreichend. Auch ist bei dieser Alternative darauf zu achten, dass der Unternehmer sich ab einem Einkommen von über 3.377 € bei der französischen Sozialversicherung anmelden muss.

Bei der Firmengründung ist es zu empfehlen auf Unternehmensberater in Frankreich zurückzugreifen, da diese in französischer Sprache mit den zuständigen Behörden kommunizieren können und dies wiederum den Gründungsvorgang erheblich beschleunigt und erleichtert.

6.//
FORDERUNGSMANAGEMENT

Viele Unternehmen, die nach Frankreich exportieren, haben die Erfahrung gemacht, dass ihre Mahnungen nicht allzu ernst genommen werden. Auch Exporteure selbst sehen über unbezahlte Forderungen in Frankreich leichter hinweg als über säumige Schuldner im eigenen Land. Dies ist alleine schon deshalb der Fall da man sich mit dem Geschäft in Frankreich auf ein neues unbekanntes Terrain begibt.

6.1// DAS MAHNVERFAHREN IN FRANKREICH

Gewöhnlich wird in Frankreich auf unbediente Forderungen nach Ablauf der Fälligkeit mit drei aufeinander folgenden Mahnungen reagiert. Danach kann man die Forderung an ein Inkassounternehmen reichen, das gütliche und gegebenenfalls gerichtliche Schritte einleitet. Die Forderungen können in Frankreich beim Amtsgericht des Schuldners tituliert werden, wenn die Rechnung, Bestellung und der Liefernachweis vorgelegt werden.

6.2// EUROPÄISCHE RECHTSMITTEL

Auf **europäischer Ebene** ist es jedoch auch relativ einfach möglich, **Forderungen grenzüberschreitend geltend zu machen.** Hierfür gibt es mehrere Möglichkeiten: Erstens kann man die Forderung mittels des französischen Rechtswegs eintreiben, indem der Gläubiger seine Forderung bei französischen Gerichten tituliert und über einen französischen Gerichtsvollzieher eintreiben lässt. Die zweite Möglichkeit ist die Titulierung beim Amtsgericht des Exporteurs. Europäische Zahlungsbefehle und Vollstreckungsbescheide aus einem Mitgliedstaat der EG werden in Frankreich anerkannt, ohne dass die Anerkennung von einem französischen Gericht angefochten werden kann. Ein Vollstreckungsbescheid, der in Frankreich vollstreckbar ist, wird von den französischen Behörden vollstreckt, wenn er dort auf Antrag eines Berechtigten für vollstreckbar erklärt worden ist. Für eine Vollstreckung in Frankreich ist nur noch eine Exequatur nötig, die von einem Rechtsanwalt beim französischen Amtsgericht („tribunal de grande instance") beantragt wird. Seit dem Jahr 2008 kann man als dritte Möglichkeit einen europäischen Zahlungsbefehl erwirken. Das europäische Mahnverfahren ist in der EG, außer in Dänemark grenzüberschreitend anzuwenden, ohne dass es auf die Art der Gerichtsbarkeit ankommt. Dieses Mahnverfahren kann generell beim Amtsgericht des Schuldners (tribunal de grande instance) durch Angabe der bezifferten fälligen Forderung genutzt werden. Dieses Verfahren führt zur Vereinfachung und Beschleunigung grenzüberschreitender Verfahren im Zusammenhang mit unbestrittenen zivil- oder handelsrechtlichen Geldforderungen und zur Verringerung der Verfahrenskosten.

6.3// EXPORTKREDIT-VERSICHERUNG

Um Forderungen in Frankreich abzusichern ist es ebenso möglich eine **Exportkredit-versicherung** abzuschließen. Die Exportkreditversicherung besichert die Exportrisiken des Ausfalls von Forderungen aus grenzüberschreitenden Warenlieferungen und Dienstleistungen. Zur Absicherung der Exportkredit- beziehungsweise Ausfuhrkreditrisiken können grundsätzlich private Kreditversicherer und staatliche Kreditversicherungen eingeschaltet werden. Bei den staatlichen Versicherern handelt es sich z.B. in Deutschland um private Gesellschaften, die im Auftrag der Bundesrepublik tätig sind. HERMES ist federführend vom Bund ermächtigt, alle Ausfuhrgewährleistungen im Auftrag der Bundesrepublik auszugeben.

Jedoch ist darauf hinzuweisen, dass die Versicherungsbeiträge die Gewinnmarge von Auslandsgeschäften reduziert. Die Versicherer versichern in der Regel nur die Geschäfte mit geringem Ausfallrisiko beziehungsweise risikoreiche Geschäfte nur mit einem entsprechenden Risikoaufschlag. Insbesondere für europäische Exporteure lohnt sich eine Versicherung kaum, da der Investor Forderungen leicht über Gerichte eintreiben kann. Außerdem hat Frankreich ein stabiles Rechts- und Wirtschaftssystem.

7.//

STEUERN

Jede Art einer Investition in Frankreich wirft automatisch Fragen der Besteuerung des Unternehmens auf. Mit der progressiven Rückführung der Körperschaftsteuer auf 28% für Gewinne bis 500.000€ und 31% über 500.000€, der Verminderung der Einkommensteuer und dem Wegfall des Lohnsummenanteils bei der Gewerbesteuer zur Entlastung lohnintensiver Firmen wurden in den vergangenen Jahren bereits einige wichtige Schritte gemacht eine für Unternehmen freundlichere Steuerpolitik einzuführen.

Ganz allgemein gilt, dass Tochtergesellschaften und Betriebsstätten ausländischer Unternehmen in Frankreich für ihre dort erzielten Gewinne steuerpflichtig sind. Je nachdem, welche Rechtsform für eine Niederlassung gewählt wurde - die Personen- oder die Kapitalgesellschaft - unterliegen die in Frankreich erzielten Gewinne der Einkommen- oder der Körperschaftsteuer.

Was die Abgabe der Steuererklärung von Unternehmen betrifft, so müssen diese innerhalb von drei Monaten nach Ende des Geschäftsjahres eingereicht werden. Von in Frankreich ansässigen natürlichen Personen gilt generell eine jährliche Abgabefrist der Erklärung bis Juni. Die Abgabetermine schwanken jedoch je nach Region.

Im französischen Steuerrecht haben die so genannten indirekten Steuern eine größere Bedeutung als in anderen europäischen Ländern. Durch einige besondere Einzelsteuern mit unterschiedlichen Erhebungsformen kann der Verwaltungsaufwand eines Unternehmens damit durchaus belastet werden.

7.1 // KÖRPERSCHAFTSTEUER

Die wichtigste Unternehmenssteuer ist die Körperschaftsteuer („Impôt sur les Sociétés"). Sie betrifft nicht nur Kapitalgesellschaften wie die S.A.R.L., die S.A. sowie die S.A.S.. Vielmehr unterliegen auch die Kommanditisten einer französischen KG (S.C.S.; S.C.A.) der Körperschaftsteuer, die nach den Gewinnen vor ihrer Ausschüttung berechnet wird.

Es gilt das so genannte Territorialitätsprinzip, wohingegen in Deutschland das Weltein- kommensprinzip anwendbar ist. So unterliegen für Gesellschaften mit Sitz in Frankreich oder im Ausland, nur die in Frankreich erzielten Gewinne der Körperschaftsteuer, Im übrigen gelten die Doppelbesteuerungsabkommen die Frankreich mit vielen Ländern abgeschlossen hat. Der Basissatz der französischen Körperschaftsteuer beträgt 28%. Soweit kleine und mittelständische Firmen einen Umsatz von weniger als 7,63 Millionen € haben, sie zumindest zu 75% im Besitz von natürlichen Personen sind und ihr Stammkapital voll eingezahlt ist, versteuern sie bis zu 38.120 € ihres Gewinnes mit einem reduzierten Steuersatz von lediglich 15%.

Des Weiteren gilt der ermäßigte Steuersatz von 15% auf Erträge aus gewerblichem Eigentum (Gebühren und Veräußerungsgewinne), wie Gewinne aus Patenten, patentierbaren Erfindungen und Fabrikationsprozessen. Für Unternehmen mit Gewinnen unter 250 Millionen € beträgt der Steuersatz ab dem 1. Januar 2020 28% für das offene Geschäftsjahr. Ab dem 1. Januar 2021 beträgt der Steuersatz auf das offene Geschäftsjahr 26,5% und ab dem 1. Januar 2022 25%.

Für „Großunternehmen", deren Körperschaftssteuer über 763.000 € liegt, fällt eine Sozialabgabe (Contribution sociale) von 3.3% an.

Veräußerungsgewinne aus Beteiligungspapieren sind mit Ausnahme eines Anteils von 10% für die anfallenden Gebühren und Nebenkosten von der Steuer befreit.

Für die Zahlung der Körperschaftsteuer sind vierteljährliche Vorauszahlungen vorgesehen, die auf dem steuerpflichtigen Einkommen des jeweiligen Vorjahres basieren. Termine für die Vorauszahlungen sind jeweils der 15. März, 15. Juni, 15. September und 15. Dezember. Das Steuerjahr entspricht dem Kalenderjahr. Unternehmen können jedoch auf zwölf nacheinander folgenden Monaten ihren Jahresabschluss gemäß dem Wirtschaftsjahr erstellen. Unter Umständen ist jedoch im ersten Jahr nach der Gründung der Gesellschaft ein Rumpfjahr mit bis zu 23 Monaten möglich.

In Frankreich sind Handels- und Steuerbilanz identisch. Es existiert keine Steuerbilanz im deutschen Sinne.

Aufwendungen sind steuerlich absetzbar, wenn sie zwecks Ertragssteigerung oder aufrechterhaltung beziehungsweise zur Sicherstellung der Ertragsquelle getätigt wurden. Im französischen Körperschaftsteuergesetz sind allerdings auch Ausnahmen hiervon genannt wie die Abzugsfähigkeit von „Luxus"-Ausgaben (z.B. Ferienwohnungen).
Das Anlagevermögen wird gemäß der wahrscheinlichen Nutzungsdauer linear abgeschrieben. Bei im Neuzustand erworbenen Produktionsmitteln können die AfA-Sätze aber auch in Abhängigkeit von der normalen Nutzungsdauer mit Multiplikatoren zwischen 1,25 und 2,25 multipliziert werden.

Verlustvorträge sind in voller Höhe und zeitlich unbegrenzt vortragbar. Es ist aber auch ein Verlustrücktrag (sog. Carry Back) für maximal drei Jahre möglich.

STEUERN

7.2// EINKOMMENSTEUER

Der Einkommensteuer (impôt sur le revenu; IR) unterliegen alle in Frankreich ansässigen natürlichen Personen sowie natürliche Personen, die nicht in Frankreich ansässig sind, dort aber Einkünfte erzielen. Beschränkt Steuerpflichten sind Personen, die keinen Wohnort in Frankreich haben und sich in Frankreich kürzer als 183 Tage im Jahr aufhalten (sog. Nichtresidenten). Das Einkommen der Nichtresidenten wird in Frankreich nur dann versteuert, wenn es auf dem Staatsgebiet von Frankreich erworben wurde. Ab den 1. Januar 2019 wird die Einkommensteuer auf das Gehalt oder auf dem Konto erhoben.

Die Einkommensteuer bemisst sich grundsätzlich nach dem Gesamteinkommen, das der Steuerpflichtige im vorangegangen Kalenderjahr erzielt hat. Ähnlich wie in Deutschland werden die Einkünfte in einkommensteuerpflichtige **Einkunftsarten** unterschieden:

- [ ] Grundvermögen
- [ ] Gewerbe- und landwirtschaftliche Betriebe
- [ ] Bezüge von Gesellschaftern, die Geschäftsführer sind
- [ ] Gehälter, Löhne, Pensionen und Renten
- [ ] Gewinne aus nichtgewerblichen Berufen, einschließlich der Gewinne aus der Veräußerung von Wertpapieren, Gesellschaftsanteilen und Immobilien
- [ ] Einkünfte aus Kapitalvermögen

Einkünfte aus nichtselbstständiger Tätigkeit umfassen sämtliche Vergütungen zum Beispiel aus einem Arbeitsverhältnis oder aus einer Tätigkeit als Geschäftsführer oder Vorstand. Dabei werden steuerlich sämtliche Geld- und Sachleistungen sowie unmittelbar und mittelbar ausgezahlte Vergütungen berücksichtigt. Die Einkommensteuer bei Einkünften aus nicht selbstständiger Arbeit wird sodann, nicht wie in Deutschland im Lohnsteuerabzugsverfahren erhoben. Vielmehr muss der Steuerpflichtige seine Steuern selbst bis zum Juni des folgenden Kalenderjahres erklären. Die Steuern werden veranlagt und monatlich oder per vierteljährliche Abschlagszahlung jeweils zum 15. März, 15. Juni, 15. September und dem 15. Dezember bezahlt.

Die Arbeitgeber sind verpflichtet, dem Finanzamt die gezahlten Löhne und Gehälter jährlich mitzuteilen.

Grundsätzlich werden **Kapitalerträge** mit der Einkommensteuer veranlagt. Jedoch kann der Steuerpflichtige zu einer Pauschalbesteuerung **optieren**. Sie können entweder für den PFU („prélèvement forfaitaire unique") optieren, mit einem Steuersatz von 30%, oder für eine Besteuerung nach Steuertarif.

Wenn die Dividenden mit der Einkommensteuer normal veranlagt werden ohne die Option zu ziehen, sind sie zu 40% steuerfrei. Das System entspricht in etwa dem deutschen Teileinkünfteverfahren. Auf Zinserträge liegen allerdings noch mehrere Sondersätze.

Die **Lohnsteuer** wird in Frankreich folgendermaßen berechnet: Die Summe der Einkünfte wird um die abzugsfähigen Kosten vermindert, um die **Bemessungsgrundlage** zu erhalten. Vom Jahres-Einkommen werden **10% als Arbeitnehmer-Pauschale** für die Werbungskosten pauschal abgezogen oder die tatsächlichen Werbungskosten angesetzt. Dieses **Nettoeinkommen wird um** bestimmte, im Gesetz **abschließend genannte Aufwendungen gemindert.** Die meisten persönlichen Aufwendungen werden allerdings bereits durch einen ermäßigten Steuerbetrag berücksichtigt.

Eine Besonderheit des Französischen Steuersystems ist **der „Familienquotient" (nombre de parts).** Das nettosteuerpflichtige Einkommen wird durch diesen geteilt. Dieser ist „1" für Alleinstehende ohne Kind, „2" für Ehepaare ohne Kind, „2,5" für Ehepaare mit einem Kind, „3" Ehepaare mit zwei Kindern, „4" für Ehepaare mit drei Kindern und „5" für Ehepaare mit vier Kindern. Durch diesen hohen Familien-Quotienten ist die Steuerbelastung von Personen mit hohem Einkommen und Kindern deutlich niedriger als in Deutschland und sogar niedriger als in der Schweiz.

Die Berechnung der Einkommensteuer erfolgt nach einem **Staffeltarif**, wobei auf be- stimmte Teile des Einkommens unterschiedliche Steuersätze angewendet werden. Die Gesamtsteuer ergibt sich dann aus der Summe der Einzelbeträge. Der Höchststeuersatz für Einkommen aus dem Jahr 2019 beträgt 45%. Weitere Belastungen kommen mit den zu entrichtenden Sozialabgaben in Höhe von ca. 17.2% hinzu.

ESt.-Sätze 2019 (für natürliche Personen)

0 – 0.964 €	0,0%
9.964 – 27.519 €	14,0%
27.519 – 73.779 €	30,0%
73.779 – 156.244 €	41,0%
über 156.244 €	45,0%

Weiterhin gibt es noch andere personenbezogene Steuern, wie die Wohnsteuer (taxe d'habitation) und die Grund- und Bodensteuer (taxe foncière). Die Wohnsteuer soll im Jahr 2022 aufgehoben werden.

Unter dem Vorbehalt eventuell anzuwendender Doppelbesteuerungsabkommen beträgt der Mindeststeuersatz für Steuerpflichtige mit Wohnsitz im Ausland zurzeit 20%.

7.3// GEWERBESTEUER

Die «Contribution Economique Territoriale» (CET) hat 2010 die „Taxe Professionnelle" ersetzt. Sie besteht aus zwei Komponenten und zwar:

1. Cotisation Fonciére des Entreprises (CFE)
Die Bemessungsgrundlage der CFE ist der Mietwert der Immobilien und Grundstücke. Dieser ergibt sich entweder aus einer Vorgabe vom Finanzamt oder durch einen Prozentsatz auf den Anschaffungswert. Es handelt sich um eine örtliche Steuer, deren Hebesatz jeweils auf lokaler Ebene festgesetzt wird.

2. Contribution sur la Valeur Ajoutée des Entreprises (CVAE)
Die CVAE ist die zweite Komponente der CET. Sie gilt für Unternehmen mit einem Umsatz über 500.000 €. Die Bemessungsgrundlage ist die Wertschöpfung aus dem letzten Jahresabschluss. Diese weicht leicht von der handelsrechtlichen Bewertung ab. Der Satz ist umsatzabhängig und beträgt höchstens 1,5%. Die CET (CFE+CVAE) ist wiederrum begrenzt auf 3% der Wertschöpfung.

7.4// REGISTERSTEUER

Die Registersteuer fällt zum Beispiel bei der Veräußerung von Gesellschaftsrechten an französische Gesellschaften an und zwar:

- [ ] In Höhe von 3% bei Gesellschaftsanteilen (SARL) nach Abschlag von 23.000 €
- [ ] In Höhe von 0,1% bei Aktien (ab 1. August 2012)

7.5// DOPPELBESTEUERUNGS-ABKOMMEN

Frankreich hat mit zahlreichen Staaten **Doppelbesteuerungsabkommen** abgeschlossen, mit denen vermieden werden soll, dass Steuerpflichtige in beiden Staaten für denselben Steuergegenstand und denselben Bemessungszeitraum mit doppelten Steuerzahlungen belastet werden. Diese Doppelbesteuerungsabkommen orientieren sich weitgehend an den Vorgaben der OECD. Für einen potentiellen Investor empfiehlt es sich, sich frühzeitig mit den Regelungen des Doppelbesteuerungsabkommens zwischen Frankreich und seinem Heimatland intensiv zu befassen.

Bei Dividendenzahlungen an Privatpersonen, wurden nachstehende Steuersätze vertraglich mit den wichtigsten Handelspartnern Frankreichs vereinbart. Diese betreffen ausschließlich die Ausschüttung an natürliche Personen mit Ansässigkeit beziehungsweise Wohnsitz im Ausland:

INVESTITIONSFÜHRER FRANKREICH

Land	Dividenden (%)	Zinsen (%)	Lizenzgebühren (%)
Belgien	18	18	*
Bulgarien	18	0	*
Dänemark	0	0	0
Deutschland	18	0	*
Finnland	0	11	*
Griechenland	0	11	0
Großbritannien	18	0	0
Irland	0	0	*
Italien	18	11	*
Japan	11	11	*
Lettland	18	11	*
Litauen	18	11	*
Luxemburg	18	*	*
Malta	18	5,26	*
Niederlande	18	*	*
Österreich	18	0	*
Polen	18	0	*
Rumänien	11	11	*
Schweden	18	0	*
Schweiz	18	0	*
Spanien	18	11	*
Tschechische Republik	11	0	*
Türkei	25	18	*
Ungarn	18	0	*
USA	18	0	*

*rückerstattungsfähig, unterschiedlich

Die Ausschüttung von Dividenden an natürliche Personen, die im Ausland ansässig sind, wird ohne Vorliegen eines internationalen Vertrages mit 25% Quellensteuer belastet.

Gemäß dem **Doppelbesteuerungsabkommen mit der Bundesrepublik Deutschland** können beispielsweise Gewinne eines Unternehmens nur dann **von Frankreich besteuert** werden, wenn das Unternehmen von einer in Frankreich ansässigen Person betrieben wird, oder eine Betriebsstätte vorliegt, die betrieblich tätig ist. Als Betriebsstätte gelten hierbei insbesondere Zweigniederlassungen, Geschäftsstellen, Fabrikationsstätten und Werkstätten. Ein weiteres Merkmal für eine Betriebsstätte ist, wenn der Ort der Leitung einer festen Geschäftseinrichtung in Frankreich liegt.

Die auf Rechnungen ausgestellte Mehrwertsteuer ist als Vorsteuer absetzbar. Dies gilt auch für die Einfuhrumsatzsteuer sowie die für den innergemeinschaftlichen Erwerb erhobene Umsatzsteuer.

Keine Betriebsstätten sind Einrichtungen die ausschließlich zur Lagerung, Ausstellung oder Auslieferung von Waren dienen. Des Weiteren sind ein Büro, das dem Einkauf von Waren und der Beschaffung von Informationen dient, ein Büro für Auskunftszwecke und Labore zur wissenschaftlichen Forschung keine Betriebsstätte.

Auch die Tatsache, dass eine in Deutschland ansässige Gesellschaft eine Gesellschaft beherrscht, die in Frankreich ansässig ist, macht diese nicht zwangsweise zur Betriebsstätte. Daher kommt es immer auch auf den Zweck der Gesellschaft an. Liegt keine Betriebsstätte vor, wie die in diesem Abschnitt beschriebenen Tätigkeiten darlegen, kann die Geschäftstätigkeit zu einer **Besteuerung in Deutschland führen.**

7.6// UMSATZSTEUER

Der Normalsatz der französischen Mehrwertsteuer („taxe sur la valeur ajouté") beträgt seit dem Jahr 2014 20,0%. Diesem Satz unterliegen die meisten Lieferungen von Waren sowie Dienstleistungen. Daneben existieren zwei ermäßigte Sätze von 5.5% und 10%. Dieser gilt insbesondere für die meisten Lebensmittel, für unbearbeitete landwirtschaftliche Produkte sowie unter anderem für Fischereiprodukte. Ein nochmals reduzierter Mehrwertsteuersatz in Höhe von 2,1% besteht z.B. für Presseerzeugnisse und Medikamente.

Wie auch in den anderen EG-Ländern, so unterliegen auch in Frankreich Warenlieferungen aus Frankreich in andere EG-Länder sowie der Warenexport in Drittländer nicht der Mehrwertsteuer. Allgemein sind durch die Mehrwertsteuerrichtlinie die Umsatzsteuern in der EG harmonisiert, so dass allgemein die Mehrwertsteuersysteme in der EG ähnlich sind. Die Umsatzsteuer ist ausschließlich im Verbrauchsland zu entrichten.

Die auf Rechnungen ausgestellte Mehrwertsteuer ist als Vorsteuer absetzbar. Dies gilt auch für die Einfuhrumsatzsteuer sowie die für den innergemeinschaftlichen Erwerb erhobene Umsatzsteuer.

STEUERN

Kohlenstoffdioxidemissionen (in Gramm pro Kilometer)	Tarif 2020 (in Euro)
Niedriger als 110	0
110	50
111	75
112	100
113	125
114	150
115	170
116	190
117	210
118	230
119	240
120	260
121	280
122	310
123	330
124	360
125	400
126	450
127	540
128	650
129	740
130	818
131	898
132	983
133	1074
134	1172
135	1276
136	1386
137	1504
138	1629
139	1761
140	1901
141	2049
142	2205
143	2370
144	2544
145	2726
146	2918
147	3119
148	3331
149	3552
150	3784
151	4026
152	4279
153	4543
154	4818
155	5105
156	5404
157	5715
158	6039
159	6375
160	6724
161	7086
162	7642
163	7851
164	8254
165	8671
166	9103
167	9550
168	10011
169	10488
170	10980
171	11488
172	12012
Höher als 172	12500

7.7// ZOLL

Innerhalb der EG und dem EWR-Raum gilt freier Warenverkehr. Zollgebühren werden nur einmal bei Eintritt in die EG erhoben, auch wenn die Waren anschließend von einem Mitgliedstaat in einen anderen versandt werden. Waren, die mit dem Ziel einer Wiederausfuhr in einen anderen Mitgliedstaat der EG nach Frankreich eingeführt werden, können auf das französische Staatsgebiet gelangen, ohne dass Zollgebühren oder Umsatzsteuer erhoben werden.

Für den Verkehr der meisten Waren zwischen den EG-Ländern müssen die Unternehmen keine Verwaltungsformalitäten erledigen. Für den innergemeinschaftlichen Warenaustausch ist lediglich die Abgabe einer Warenverkehrsmeldung erforderlich.

Der Warenverkehr zwischen Frankreich und einem nicht EG beziehungsweise EWR-Staat erfordert eine Zollanmeldung in Form eines behördlichen Formblatts.

Der Zoll wird entweder nach Betrag oder prozentual festgesetzt. Die Höhe richtet sich nach dem Herkunftsland und der Warenart.

Der Zoll wird entweder nach Betrag oder prozentual festgesetzt. Die Höhe richtet sich nach dem Herkunftsland und der Warenart.

7.8// VERRECHNUNGSPREISE

Zinsschulden und Zahlungen an verbundene Unternehmen sind abzugsfähig, wenn sie aufgrund tatsächlich erbrachter Leistungen und zu marktüblichen Konditionen erhoben worden sind.

Gemäß der Doppelbesteuerungsabkommen werden in der Regel (wie z.B. gem. dem Doppelbesteuerungsabkommen mit der BRD) unverhältnismäßige Verrechnungspreise zwischen abhängigen Unternehmen nicht akzeptiert. Der französischen Betriebsstätte sind immer diejenigen Gewinne zuzurechnen, die sie hätte erzielen können, wenn es als selbständiges Unternehmen gehandelt hätte.

Das französische Finanzministerium kontrolliert die Steuererklärungen von verbundenen Unternehmen sehr genau, da mit Hilfe der Verrechnungspreise Gewinne in das Ausland verlagert werden können. Die steuerlichen Dokumentationsvorschriften sind deshalb in den vergangenen Jahren deutlich verschärft worden. Ein Investor kann davon ausgehen, dass das französische Finanzamt ein verbundenes Unternehmen verstärkt unter die Lupe nimmt.

Hierbei wendet es als Standardmethoden zur Ermittlung der Fremdvergleichspreise die Preisvergleichsmethode, die Wiederverkaufsmethode sowie die Kostenaufschlagmethode an.

Investoren können sich für eine optimierte Steuerplanung am besten bei örtlichen Unternehmens- und Steuerberatern informieren, die auch die Sprache des Investors sprechen, um Missverständnisse bei Kommunikation und Auffassung von Rechtsbegriffen zu vermeiden.

8.//

ARBEITS- UND SOZIALRECHT

Die arbeitsrechtlichen Beziehungen im Unternehmen basieren immer mehr auf individuellen Verhandlungen, wobei die Sozialpartner in Sachen Flexibilität der Organisation der Arbeitszeit eine sehr wichtige Rolle spielen.

Wichtig: für EU-Angehörige ist keine Arbeitsgenehmigung zur Arbeitsaufnahme in Frankreich erforderlich.

Grundsätzlich muss man erwähnen, dass in Frankreich die Lohnnebenkosten sehr hoch sind. Auch bewirkt der relativ unflexible Arbeitsmarkt, dass Unternehmen ihren Personalbedarf mittels Zeitarbeit abdecken. Hierbei bieten nicht nur Zeitarbeitsfirmen ihr Personal an, sondern es haben sich auch Dienstleister darauf spezialisiert unternehmensnahe Leistungen anzubieten. Vor allem die Just-in-Time Produktion ist an dieser Stelle zu erwähnen, da französische Logistikunternehmen nicht nur die Anlieferung, sondern auch produktionsnahe Vordienstleistungen wie das Auffüllen von Regalen übernehmen.

8.1// ARBEITSVERTRAG

Grundsätzlich gilt, dass unabhängig von der Nationalität der Arbeitnehmer einen Arbeitsvertrag mit einem Arbeitgeber in Frankreich nach französischem Arbeitsrecht abschließen muss. Diese Regelung gilt auch dann, wenn unmittelbar vom Ausland aus eingestellt und bezahlt wird. Die gebräuchlichste Form des Arbeitsvertrags ist der **unbefristete Vertrag** (contrat à durée indéterminée, C.D.I). Lediglich in genau beschriebenen Ausnahmefällen kann er zeitlich begrenzt werden (contrat à durée déterminée, C.D.D) und ist dann im Allgemeinen auf 18 Monate befristet. In der Regel wird der Arbeitsvertrag schriftlich in französischer Sprache abgefasst, obwohl für einen unbefristeten Arbeitsvertrag die schriftliche Form nicht verpflichtend ist. Folgende Punkte sollten dabei im Arbeitsvertrag enthalten sein: Position und Stellung des Arbeitnehmers im Unternehmen, Arbeitsort, Dauer des Arbeitsverhältnisses sowie Vergütungen und Vergünstigungen. Im Prinzip werden hierbei die Vertragsklauseln von den Parteien, die über großen inhaltlichen Spielraum verfügen, frei festgelegt (z.B. leistungsabhängige Vergütung, Wettbewerbsverbot und Nichtabwerbungsklauseln).

Eine Probezeit ist möglich, wobei die Dauer gesetzlich geregelt ist. Sie hängt vom Status des jeweiligen Arbeitnehmers ab. Demnach beträgt die Probezeit für Arbeiter und Angestellte zwei Monate, für Techniker und Meister drei Monate, für leitende Angestellte vier Monate. Tarifverträge können auch abweichende Fristen für Probezeiten vorsehen.

Generell unterscheiden Gesetze und Tarifverträge zwischen Arbeitern (ouvrier), Angestellten (employé) und den Angestellten auf mittlerer und höherer Ebene (cadre).

Im Allgemeinen können Geschäftsführer nicht durch einen Arbeitsvertrag an das Unternehmen gebunden werden. Ihre Ernennung, Vergütung und die Bedingungen für ihre Abfindung werden in der Gesellschaftssatzung festgelegt.

8.2// KÜNDIGUNG

Das Arbeitsverhältnis kann unter Angabe stichhaltiger Gründe grundsätzlich gekündigt werden.

Nach der Probezeit muss die Kündigung stets begründet werden. Diese Gründe können zum Beispiel sein: Verstoß gegen betriebliche Regelungen, wirtschaftliche Gründe, Nichterfüllung des Arbeitsvertrages. Wichtig ist, dass sich der Arbeitgeber genau an die gesetzlich festgelegten Verfahren hält. Werden die Formvorschriften vom Arbeitgeber nicht eingehalten, muss er damit rechnen, dass ihm bei Anrufung eines Arbeitsgerichts empfindliche Entschädigungszahlungen auferlegt werden. Das Gesetz vom 25. Juni 2008 zur Modernisierung des Arbeitsmarktes sieht eine neue Möglichkeit für die Beendigung des Arbeitsvertrages durch eine einvernehmliche Beendigung (rupture conventionnelle) vor.

Die **betriebsbedingten Kündigungen** können in Form von Einzel- oder Massenentlassungen erfolgen. Wenn es sich um eine Einzelentlassung handelt, muss der Arbeitnehmer zu einem Gespräch geladen und bei Massenentlassungen muss der Betriebsrat konsultiert werden. Was die **Kündigungsfristen** betrifft, so betragen diese nach sechs Monaten Betriebszugehörigkeit einen Monat, nach zwei Jahren Anstellung zwei Monate. Bei den Führungskräften sind generell drei Monate üblich.

Die betriebsbedingte Einzelentlassung kann bei führenden Angestellten frühestens 7 oder 15 Tage nach dem Entlassungsgespräch in Kraft treten. In Unternehmen mit mehr als 50 Mitarbeitern ist die Ausarbeitung eines Plans zur Erhaltung von Arbeitsplätzen vorgeschrieben, wenn die Entlassung von mindestens 10 Arbeitnehmern innerhalb eines Zeitraums von 30 Tagen beschlossen wurde.

Bei betriebsbedingten Entlassungen sind Abfindungen gesetzlich vorgeschrieben, wenn die Betriebszugehörigkeit des Arbeitnehmers mindestens zwei Jahre beträgt. In ein Unternehmen mit mindestens elf Mitarbeiter bei einer Betriebszugehörigkeit von über einem Jahr beträgt die Abfindung mindestens ein Monatslohn und höchstens 2 Monatslöhne (inkl. Prämien und Boni). Bei mehr als 10 Jahren Betriebszugehörigkeit beträgt dieser Abfindung mindestens drei Monatslöhne und höchstens 10 Monatslöhne. Sind in den

Tarifverträgen Abfindungen vorgesehen, so müssen diese an den Arbeitnehmer ausgezahlt werden, wenn sie für ihn günstiger sind als die gesetzliche Regelung. In manchen Tarifverträgen sind schon Abfindungen ab einem Jahr Betriebszugehörigkeit vorgesehen.

Eine **Kündigung aus personenbezogenen Gründen** kann aufgrund eines Verschuldens des Angestellten oder eines nicht schuldhaften Verhaltens, das den Interessen des Unternehmens bedeutend schadet, ausgesprochen werden. Vor Einleitung des Verfahrens erfolgt eine vorherige Abmahnung. Der Arbeitnehmer muss sich bei einem Vorgespräch verteidigen können, bevor die tatsächliche Entlassung erfolgen kann. Auch hier muss der Arbeitgeber die gesetzliche oder tarifliche Kündigungsfrist einhalten. Im Falle eines schweren Verschuldens erhält der Arbeitnehmer keine Entlassungsentschädigung.

8.3// GESETZLICHER MINDESTLOHN

Auch die Entlohnung des Arbeitnehmers ist im Arbeitsvertrag zu regeln. Die Vergütung darf den im anzuwendenden Tarifvertrag festgelegten Mindestlohn und den gesetzlich festgelegten Brutto-Mindestlohn (Salaire minimum interprofessionnel de croissance, S.M.I.C) der sich seit dem 1. Januar 2019 auf 10.03 € beläuft, nicht unterschreiten. Das ergibt bei einer Wochenarbeitszeit von 35 Stunden 1.521.22 € pro Monat oder bei einer Wochenarbeitszeit von 39 Stunden, inklusive des dann fälligen Lohnzuschlags von 25%, 1.721,73 € pro Monat.

8.4// 35-STUNDEN WOCHE

Die in Frankreich bestehende **35-Stunden-Woche** ist ebenfalls gesetzlich fixiert. Jede zusätzliche Arbeitsstunde gilt als Überstunde. Grundsätzlich gilt sie für Betriebe mit mehr als 20 Beschäftigten. Für kleinere Firmen gibt es Sonderregelungen.

Die Einhaltung der 35-Stunden-Woche muss nicht in jeder Woche gewährleistet sein, sondern ist lediglich im Jahresdurchschnitt einzuhalten, wobei so genannte Brückentage miteinberechnet werden können. Arbeitsstunden über die gesetzliche Arbeitszeit hinaus sind in allen Unternehmen mit einem Zuschlag von 25% (in den ersten 8 Stunden, dann 50%) zu vergüten, wenn kein Tarifvertrag vorliegt. Die folgende Tabelle zeigt die gesetzliche Arbeitszeit und ihre Vergütung.

ARBEITS- UND SOZIALRECHT

Die Arbeitszeit in Frankreich

	Gesetzliche Arbeitszeit	Überstundenkontingent	Arbeitszeit über das Kontingent hinaus	
			Kleine Unternehmen*	Goße Unternehmen
Betroffene Unternehmen	Alle Unternehmen	Alle Unternehmen	Kleine Unternehmen*	Goße Unternehmen
Arbeitszeit	35 Wochenstunden	Festlegung in einem Tarifvertrag, oder wenn es keinen gibt, gesetzliches Kontingent von 220 Überstunden (=39 Stunde/Woche)	Festlegung in einem Tarifvertrag im Rahmen der Maximalgrenzen	
Verwaltungsformalitäten	Keine	Einfache Informierung des Betriebsrats	Konsultation des Betriebsrats	
Überstundenzuschlag	Keine	Von einem Tarifvertrag oder einem Branchenabkommen vorgesehener Satz (min. 10%), oder, wenn es keinen gibt, 25% von der 36. bis zur 43. Std, bzw. 50% ab der 44. Std.		
Gegenleistung in Form von Ruhezeiten	Keine	Keine. Nur muss der Ausgleichsurlaub im Tarifvertrag vorgesehen sein	50% bei Überschreitung des Kontingents (=½ Std. pro Überstunde ab 36 Std.)	100% bei Überschreitung des Kontingents (=1 Std. pro Überstunde ab 36 Std.)

* Kleine Unternehmen sind Unternehmen mit max. 20 Arbeitnehmern

Die Zuschläge werden in der Regel jedoch nicht ausgezahlt, sondern den Arbeitnehmern werden so genannte **Ausgleichsruhezeiten** gewährt, die sich wie folgt auswirken: Für jede Überstunde zwischen 35 und 39 Stunden muss der Arbeitgeber 15 Minuten Ruhezeit gewähren. Es ist jedoch möglich, Stunden- oder Tagespauschalen für bestimmte Arbeitnehmerkategorien vorzusehen, die in einer betriebsinternen Vereinbarung aufgezählt sind.

Die Überstundenregelung betrifft grundsätzlich alle Angestellten wobei höhere Führungskräfte („cadre dirigeants") sowie Führungskräfte, deren tarifliche Arbeitsdauer maximal 218 Tage im Jahr betragen kann, davon ausgeschlossen sind.

8.5// URLAUBSREGELUNG

Jedem Arbeitnehmer in Frankreich stehen **pro gearbeitetem Monat 2 1/2 Tage Urlaub** zu. In der Praxis nehmen die französischen Arbeitnehmer normalerweise drei bis vier Wochen Urlaub in den Monaten Juli oder August sowie eine Woche am Jahresende. Bei besonderen Ereignissen wie Hochzeiten, Todesfälle und so weiter ist ferner ein gesetzlich vorgesehener Sonderurlaub von 1 bis 4 Tagen zu gewähren.

8.6// WIRTSCHAFTS-UND SOZIALAUSSCHUSS

Der Wirtschafts- und Sozialausschuss („Comité social et économique" auch „CSE" genannt) muss in allen Unternehmen mit mehr als 11 Mitarbeiter ab dem 01.01.2020 eingerichtet werden. Der CSE wird für vier Jahren gewählt.

Die Personalvertretung im CSE stellt dem Arbeitgeber individuelle oder kollektive Beschwerden über Löhne, die Anwendung des Arbeitsgesetzbuches und andere Rechtsvorschriften, insbesondere über den Sozialschutz, sowie über die im Unternehmen geltenden Vereinbarungen und Abkommen vor.

Die CSE in Unternehmen mit mehr als 50 Mitarbeiter wird über Fragen der Organisation, des Managements und der allgemeinen Führung des Unternehmens informiert und konsultiert.

In Unternehmen mit mehr als 50 Mitarbeiter erhält der CSE für die Erfüllung seiner Aufgaben vom Unternehmen einen finanziellen Zuschuss von mindestens 0,2% der jährlichen Gesamtvergütungen.

8.7// GEWERKSCHAFTEN

In Frankreich sind circa 11% aller Arbeitnehmer in der Privatwirtschaft gewerkschaftlich organisiert. Trotz dieses relativ niedrigen Organisierungsgrades ist der Einfluss der französischen Gewerkschaften nicht zu unterschätzen, wie sich bei größeren Streikmaßnahmen in jüngster Zeit immer wieder gezeigt hat.

8.8// SOZIALVERSICHERUNGSSYSTEM

Das französische Sozialversicherungssystem übernimmt fast alle Gesundheitskosten des Versicherten und seiner Familie. Es besteht aus fünf Bereichen

- **Krankenversicherung**
  (Krankheit, Mutterschaft, Invalidität und Tod)
- **Rentenversicherung**
- **Familienversorgung** (Kinderbeihilfe)
- **Wohnungsbeihilfe**
- **Berufliche Unfallversicherung**

Die wichtigste Rolle spielt dabei die Krankenversicherung, für die vom Arbeitgeber 12,8% und vom Arbeitnehmer 0,75% des Bruttoverdienstes abgeführt werden muss. Darüber hinaus gibt es die Arbeitslosenversicherung, die Pensionszusatzversicherung, Abgaben für Weiterbildung und Auszubildende sowie eine allgemeine Solidaritätsabgabe in Höhe von 0,3%.

Das **gesetzliche Rentenalter** ist nun auf max. 67 Jahre festgelegt worden, aber der Arbeitnehmer kann seinen Arbeitsplatz ab einem Alter von 62 Jahren verlassen, wenn er in die Rentenversicherung 43 Beitragsjahre lang eingezahlt hat.

Die Arbeitnehmer- und Arbeitgeberbeiträge werden durch die Union de Recouvrement des Cotisations de Sécurité Sociale et d'Allocations Familiales (URSSAF) eingezogen.

Alles in allem liegen die Belastungen der Arbeitgeber zurzeit bei etwa 42% des Bruttolohnes und der Arbeitnehmeranteil bei etwa 22%. Die Arbeitgeber-Sozialversicherungsbeiträge für Niedriglöhne wurden jedoch in Abhängigkeit von der Unternehmensgröße stark verringert, so dass sie bei Unternehmen unter 20 Arbeitnehmern zwischen 17% und 19% variieren. **Dennoch hat Frankreich damit in der Europäischen Union derzeit die höchsten Lohnnebenkosten.**

9.//

ARBEITS- UND AUFENTHALTS- RECHT

Je nach Herkunftsland des Einreisenden und dem Zweck der Einreise sind die Vorschriften über Einreise und Aufenthalt in Frankreich sehr unterschiedlich. Generell sind dabei die unterschiedlichen gesetzlichen Regelungen zu beachten, die für Personen aus Ländern der Europäischen Union beziehungsweise aus Vertragsstaaten des Abkommens über den Europäischen Wirtschaftsraum (EWR) und aus anderen Staaten gelten.

Bürger der EU, des Europäischen Wirtschaftsraums und der Schweiz dürfen sich ohne Visum, Aufenthaltsgenehmigung oder Arbeitsgenehmigung frei in Frankreich bewegen und dort arbeiten. Arbeitnehmer aus den betreffenden Staaten müssen sich nur beim Bürgermeisteramt ihrer Wohnsitzgemeinde innerhalb von drei Monaten nach ihrer Ankunft registrieren lassen.

Nötige Reisedokumente für Erwachsene aus der EU, Norwegen, Island, Liechtenstein und der Schweiz

Reisepass	Ja
Vorläufiger Reisepass	Ja
Personalausweis	Ja
Vorläufiger Personalausweis	Ja, muss gültig sein
Anmerkungen	Das Schengen Visum ermöglicht nicht die Einreise in die französischen Überseegebiete. Die für die Überseegebiete gültigen Visa haben keine Gültigkeit im Schengener Raum. Die Einreise in die diversen Überseegebiete kann nur dann mit einem Schengener Visum erfolgen, wenn der Sichtvermerk „DOM-TOM", „CTOM" bzw. „Neukaledonien" auf der Vignette ersichtlich ist.
Anmerkungen für Staatsbürger der BRD	In die Überseedépartements Martinique, Guadeloupe, Französisch-Guayana, Mayotte und La Réunion sowie die Überseeterritorien Französisch Polynesien, Saint-Pierre-et-Miquelon, Wallis-et-Futuna, Mayotte, Saint-Martin und Saint-Barthélemy und Neu-Kaledonien können deutsche Staatsangehörige mit einem gültigen Reisepass und gültigen Personalausweis visumfrei einreisen.

ARBEITS- UND AUFENTHALTSRECHT

9.1// FREIZÜGIGKEIT FÜR EU-BÜRGER

Staatsangehörige aus den EU-Ländern und den EWR-Staaten genießen in Frankreich wie auch in allen anderen EU-Ländern uneingeschränkte Freizügigkeit. Dies bedeutet, dass bei der Ausübung selbständiger sowie unselbständiger Erwerbstätigkeit Staatsbürger der EU- / EWR-Mitgliedsstaaten französischen Staatsbürgern grundsätzlich gleichgestellt sind. In Folge dessen benötigen Personen aus diesen Ländern **keine Arbeitserlaubnis** der Arbeitsverwaltung („Agence national pour l'emploi") zum Abschluss eines Arbeitsvertrages.

Darüber hinaus können sie in Frankreich fast uneingeschränkt selbständig unternehmerisch tätig werden. Sie benötigen **zur Einreise** nach Frankreich lediglich einen **gültigen Personalausweis oder Reisepass.**

9.2// AUFENTHALTS-ERLAUBNIS

Diese liberalisierten Regelungen gelten jedoch noch nicht für Staatsbürger von Rumänien und Bulgarien oder für Bürger aus Nicht-EU-Ländern. Binnen drei Monaten nach der Einreise müssen sie eine Aufenthaltsgenehmigung beantragen. Ein Aufenthalt zu touristischen Zwecken ist bis zu maximal drei Monaten für Angehörige bestimmter Staaten, die in so genannten Positivlisten aufgeführt sind, auch ohne Visum möglich. Sie benötigen zur Einreise lediglich einen Reisepass. So kann zum Beispiel ein touristischer Kurzaufenthalt in Frankreich ohne weiteres dazu genutzt werden, Vorbereitungen für eine Unternehmensgründung oder ein Investitionsvorhaben durchzuführen. Es können Verhandlungen geführt, Verträge abgeschlossen, Messestände aufgebaut sowie die Montage oder Aufstellung von Maschinen und Anlagen durchgeführt werden. Zu all diesen Fragen erteilen die Konsularabteilungen der französischen Auslandsvertretungen nähere Auskünfte. Dort erhält man auch Auskünfte über die jeweils aktuelle Positivliste.

Ausländer aus Nicht-EU-Ländern oder Nicht-EWR-Staaten benötigen dagegen, von wenigen Ausnahmen abgesehen, zur Ausübung einer Tätigkeit in Frankreich grundsätzlich eine **Aufenthaltserlaubnis und** überwiegend auch eine **Arbeitserlaubnis**, sofern nicht zwischenstaatliche Vereinbarungen etwas anderes bestimmen. Dabei ist die Aufenthaltserlaubnis in der Regel vor der Einreise in Form eines Visums bei der zuständigen amtlichen Vertretung (Botschaft, Konsulat) der Republik Frankreich einzuholen. **Ein Rechtsanspruch auf die Erteilung der Aufenthaltserlaubnis besteht nicht, ebenso wenig ein Rechtsanspruch auf die Erteilung einer Arbeitserlaubnis.**

Eine „**Carte de résident**" kann unter bestimmten Bedingungen zugeteilt werden.

9.3// ARBEITSERLAUBNIS

Im Prinzip ist für die Ausübung einer unselbständigen Berufstätigkeit eine Arbeitserlaubnis erforderlich. Einige Aufenthaltsgenehmigungen ermöglichen den Aufenthalt in Frankreich und autorisieren zur Ausübung einer Arbeit. Das ist vor allem bei zeitlich begrenzten Aufenthaltsgenehmigungen für beauftragte Arbeitnehmer, Arbeitnehmer, temporäre Arbeiter, Wissenschaftler und Studenten der Fall.

Zur Anstellung eines Nicht-EU-Bürgers muss ein Unternehmen nachweisen, dass für die entsprechende Stelle keine ausreichend qualifizierten Bewerber aus den EU-Staaten zur Verfügung stehen und mindestens der gesetzliche Mindestlohn gezahlt wird. Dieser Prozess kann durchaus vier bis sechs Monate in Anspruch nehmen. Für die Ausstellung von Arbeitsgenehmigungen ist die DIRECCTE (Directions Régionales des Entreprises, de la Concurrence, de la Consommation, du Travail et de l'Emploi) zuständig.

Ausländische Arbeitnehmer, die in Frankreich arbeiten, unterliegen im Prinzip der französischen Gesetzgebung zum sozialen Schutz, unabhängig von ihrer Staatsangehörigkeit und dem Sitz ihres Arbeitgebers.

9.4// GESCHÄFTSVISUM

Zusätzlich zur Aufenthaltsgenehmigung wird eine besondere **Arbeitserlaubnis** benötigt. Für Geschäftsleute ist dies die so genannte „**Carte de commercant étranger**".

Sie ist für Geschäftsleute bestimmt, die berufliche Beziehungen in Frankreich unterhalten wollen, ohne sich dort niederzulassen. Das Visum für die mehrfache Einreise besitzt eine Gültigkeitsdauer von eins bis fünf Jahren und genehmigt Aufenthalte von maximal drei Monaten pro Halbjahr in Frankreich. Um es zu erhalten, muss eine berufliche Tätigkeit in Frankreich belegt werden.

Ein solches Geschäftsvisum wird über die französischen Botschaften beziehungsweise Konsulate eingeholt.

Bei Antragstellung sind, je nach Herkunftsland des Antragstellers, folgende Unterlagen persönlich vorzulegen (eine Antragstellung per Post, Fax oder E-Mail ist nicht möglich):

- [ ] Antrag auf ein Visum für den längerfristigen Aufenthalt (3 Exemplare)
- [ ] 4 Passfotos
- [ ] Kopie des Reisepasses und den originalen Reisepass
- [ ] Auszug des Strafregisters
- [ ] Eine eidestattliche Erklärung des Antragsstellers, dass er nicht vorbestraft ist.
- [ ] Steuerausgleich (früherer französischer Einwohner)
- [ ] Bearbeitungsgebühr
- [ ] Weitere Dokumente je nach ausgeübter Tätigkeit

Es gibt keinen Rechtsanspruch auf Erteilung einer Arbeitserlaubnis oder eines Geschäftsvisums. Grundsätzlich muss jedes Visum vom Antragsteller persönlich bei der Botschaft beantragt werden.

Es ist unbedingt ratsam, sich **vor einer Einreise über die französischen Einreisebestimmungen und insbesondere über die Möglichkeiten, in Frankreich beruflich tätig zu werden, genau zu informieren.** Die französischen Botschaften und Konsulate stehen hierfür mit fundierten Auskünften zur Verfügung.

9.5// ENTSENDUNG

Jeder Arbeitgeber mit Sitz außerhalb Frankreichs, der beabsichtigt, eine Dienstleistung in Frankreich zu erbringen, muss vor Beginn seiner Intervention in Frankreich eine Entsendeerklärung an die Arbeitsaufsichtsbehörde des Ortes übermitteln, an dem die Dienstleistung erbracht werden soll.

Die Entsendeerklärung kann über das SIPSI-Onlineportal beantragt werden. Dafür werden einige Dokumente benötigt:

ARBEITS- UND AUFENTHALTSRECHT

Arbeitsvertrag, Personalausweis, Carte BTP wenn notwendig, Dienstleistungsvertrag.

Parallel dazu, benötigen Sie auch eine A1 Bescheinigung für jeden Mitarbeiter erhalten. Das A1 Bescheinigung bescheinigt das Sozialversicherungssystem, das an ihrem Mitarbeiter anwendbar ist. Diese Bescheinigung wird von der Krankenkasse ausgestellt.

Zusätzlich wird eine A1 Bescheinigung für jeden Mitarbeiter benötigt. Die A1 Bescheinigung zeigt, welches Sozialsystem für den Mitarbeiter anwendbar ist.

Bei fehlender Entsendemeldung kann die Arbeitsaufsichtsbehörde folgende Bußgelder verhängen:

- ☐ Maximal 3.750 EUR (Zeitarbeit).
- ☐ Maximal 4.000 EUR pro entsendeten AN (im Wiederholungsfall binnen zwei Jahren bis max. 8.000 EUR), bis zu einem Höchstbetrag von 500.000 EUR.

Für jede fehlende A1-Bescheinigung bis zu 3.377 EUR. Bei einer fehlenden „Carte BTP" bis maximal 2.000 EUR pro entsendetem AN (im Wiederholungsfall binnen eines Jahres bis max. 4.000 EUR).

10.//

FÖRDERMASS-NAHMEN UND FINANZIERUNGS-MÖGLICHKEITEN

10.1// BEIHILFEN UND SUBVENTIONEN

In Frankreich gibt es zahlreiche von der französischen Regierung, von regionalen Stellen (Städte, Regionen, Departements) und Einrichtungen initiierte Fördermaßnahmen.

Gemäß dem Beihilferecht der Europäischen Union kann Frankreich sechs Arten von Subventionen gewähren:

- ☐ Regionale Beihilfen bei wertschaffenden Investitionen in Regionen mit wirtschaftlichem Entwicklungsrückstand beziehungsweise Regionen, die sich in einer industriellen Umstrukturierung befinden, gemäß einer von der Europäischen Kommission genehmigten Karte
- ☐ Beihilfen zur beruflichen Fortbildung von Angestellten
- ☐ Einstellungsbeihilfen für bestimmte Gruppen (z.B. Jugendliche)
- ☐ Beihilfen zur Schaffung von Arbeitsplätzen für kleine und mittelständische Unternehmen in ganz Frankreich
- ☐ Umweltschutzhilfen zur Unterstützung kleiner und mittelständischer Unternehmen

Hierbei können die Subventionen aus Steuerbefreiungen, zinsgünstigen Darlehen und direkten Zuschüssen bestehen.

Dies betrifft allerdings nicht Beihilfen bis zu einer Höhe von 200.000 € über einen Zeitraum von drei Steuerjahren (**„Deminimis-Beihilfe"**). In der Regel können bis zu diesem Betrag Subventionen gewährt werden, ohne dass diese der Europäischen Kommission gemeldet werden müssen. Unternehmen können diese von Kommunen und Regionen individuell aushandeln.

FÖRDERMASS- NAHMEN UND FINANZIERUNGSMÖGLICHKEITEN

Es gibt Regionale Beihilfen die einer Überprüfung unterliegen.
Neben Hilfen in Form von Kapital stellen Kommunen verstärkt auch Infrastruktur zu vergünstigten Preisen zu Verfügung oder übernehmen im Vorfeld Investitionen für eine Produktionsstätte.

FÖRDERGEBIETSKARTE FRANKREICH

Befreiungen von Steuern und Sozialabgaben: Die Befreiung von der Gewerbesteuer und/oder Grundsteuer ist an eine Beschlussfassung der jeweiligen Gebietskörperschaft gebunden. Eine Befreiung von der Körperschaftsteuer ist in einigen Gebieten für sieben Jahre möglich, während Personen, die Industrieunternehmen in Schwierigkeiten übernehmen, für zwei Jahre von dieser Steuer befreit werden können.

Eine Befreiung von Sozialabgaben ist bis zur „Deminimis-Grenze" möglich, beziehungsweise in Höhe gemäß der Fördergebietskarte.

Weiterhin hat die französische Regierung 56 Kompetenzzentren (**„pôles de compétivité"**) ausgezeichnet. In dem jeweiligen Cluster arbeiten Unternehmen, Forschungszentren, Hochschulen und Ausbildungseinrichtungen eng zusammen. Investoren profitieren hier insbesondere von einer Körperschaftsteuerbefreiung und einem direkten Zugang zu bestehenden Netzwerken.

Es gibt noch zahlreiche weitere Fördermaßnahmen, über die man sich rechtzeitig informieren sollte, wie zum Beispiel über die Investitionsförderprogramme der Europäischen Union (z.B. EFRE).

Auch die Zentrale der InterGest, die in Frankreich Ihren Hauptsitz hat, kann zu diesen Fragen umfassend beraten.

10.2// FINANZIERUNG

Frankreich bietet nicht nur Subventionen, sondern auch eine gesunde Finanzwirtschaft die gerade mittelständische Unternehmen günstig mit Finanzmitteln versorgen kann. Wichtig zu erwähnen wäre hierbei, dass Frankreich zwar Basel III ratifiziert hat, von den Banken aber noch nicht umgesetzt wird. Somit werden für ein Rating der Kreditwürdigkeit keine Kriterien gemäß Basel III angewendet. Für Investoren bedeutet dies, dass sich ein Unternehmen in Frankreich in der Regel günstiger mit Fremdkapital versorgen kann als beispielsweise in Deutschland.

Es ist ratsam bei der Verhandlung mit französischen Banken auf örtliche Vermittler zurückzugreifen, da diese die aktuelle Marktlage besser kennen.

11.//

FRANKREICH IN ZAHLEN

1. BASISDATEN

Fläche	643.801 qkm
Einwohner	66,9 Mio.(2018)
Bevölkerungsdichte	117,48 Einw./qkm
Bevölkerungswachstum	0,3% (2019)
Geschäftssprachen	Französisch
Rohstoffe agrarisch	Fisch, Milchprodukte, Vieh, Weintrauben Kartoffeln, Zuckerrüben, Getreide, Weizen
Rohstoffe mineralisch	Gips, Flussspat, Feldspat, Pottasche, Arsen, Antimon, Uran, Zink, Bauxit, Eisenerz, Kohle
Mitgliedschaft in regionalen Zusammenschlüssen	EU; Schengen-Raum; Europarat; OECD; OSZE
Währung Wechselkurs Jahresdurchschnitt	2017: 1 US$ = 0,887 Euro; 1 Euro = 1,164 US$ 2018: 1 US$ = 0,870 Euro; 1 Euro = 1,137 US$ 2019: 1 US$ = 0,902 Euro; 1 Euro = 1,108 US$

2. WIRTSCHAFTSLAGE

Bruttoinlandsprodukt (BIP; nom.)	2017	2018
Mrd. Euro Mrd. US$ (OECD)	2.283 2.575	2.351 2.766
BIP je Einwohner (Euro)	35.178	36.058
BIP je Einwohner (US$)	39.673	42.419
BIP-Entstehung 2016 (%)	Dienstleistungen 56,1; Verarb. Industrie 11,2; Handel 10,2; Info./Telekommunikation 5; Bauwirtschaft 5,4; Land-/Forstwirtschaft/Fischerei 1,7; Sonstige 22,6	
BIP-Verwendung 2016 (%)	Privatverbrauch 53,6; Staatsverbrauch 24,2; Bruttoanlageinvestitionen 22,2	

FRANKREICH IN ZAHLEN

3. WACHSTUM DES REALEN BRUTTOINLANDS-PRODUKTS (GEGENÜBER DEM VORJAHR)

Quelle Statista; Stand October 2019

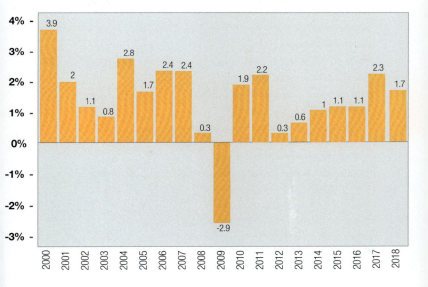

12// DIE WICHTIGSTEN KONTAKTSTELLEN

Name	Internetadresse
Agentur für Arbeit (Agence nationale pour l'emploi-ANPE)	www.pole-emploi.fr/accueil/
Branchenverzeichnis	www.pagejaunes.fr
Die deutsch-französische Industrie- und Handelskammer (DFIHK)	https://www.francoallemand.com/
Finanzmarktbehörde (Autorité des marchés financiers – AMF)	www.amf-france.org
Französische Sozialversicherung (Union de recouvrement de cotisations de sécurité sociale et d'allocations familiales - URSSAF)	www.urssaf.fr
Geschäftsstelle des Pariser Handelsgerichts (Greffe du tribunal de commerce de Paris)	www.greffe-tc-paris.fr
Industrie- und Handelskammer Paris (Chambre du commerce et de l'industrie)	www.ccip.fr
Internetportal der französischen Ämter und Behörden	www.service-public.fr
Beihilfe für Unternehmen	https://les-aides.fr
Ministerium für Arbeit, soziale Beziehungen und Solidarität (Ministère du travail, des relations sociales et de la solidarité)	www.travail-solidarite.gouv.fr
Portal für Wirtschaft, Finanzen, Maßnahmen und offentlichen Finanzen (Portail de l'économie, des Finances, de l'Action et des Comptes publics)	www.economie.gouv.fr
Rechtsinformationen über Firmen	www.infogreffe.fr
Steuerbehörde (Administration fiscale)	www.impots.gouv.fr
Zollbehörde (Administration douanière)	www.douane.gouv.fr

Selbstverständlich stehen ausländischen Investoren auch die Büros der InterGest-Organisation in allen Fragen zu Investitionen in Frankreich mit Rat und Tat zur Seite.

FUSSNOTEN

1.1// P13- [1]
Quelle: attractivité pour les investissements – Source A.T. Kearney FDI confidence index

1.3// P14- [2]
Quelle: Institute national de la statistique et des études économiques

1.3// P14- [3]
Quelle: Statista

1.4// P14- [4]
Quelle: International Trade Centre

1.4// P14- [5]
Quelle: Statista

1.4// P15- [1]
Quelle: Germany Trade & Invest

1.4// P15- [2]
Quelle: Institute national de la statistique et des études économiques

1.4// P15- [3]
Quelle: Eurostat

1.4// P15- [4]
Quelle: Statista

1.4// P15- [5]
Quelle: Statista

1.4// P15- [6]
Quelle: Eurostat

1.5// P16- [6]
Quelle: Institute national de la statistique et des études économiques

1.6// P16- [7]
Quelle: französische Botschaft

1.2// P20- TABLE
Quelle: Institut National de la Statistique et des Études Économiques (INSEE) - Enquête sur les investissements dans l'industrie - November 2017

2// P24- TABLE
Quelle: OCDE Données – November 2019

INTERGEST® WORLDWIDE

ARGENTINA AUSTRALIA AUSTRIA BELGIUM BRAZIL
BRUNEI BULGARIA CANADA CHILE CHINA
COLOMBIA CZECH REPUBLIC CYPRUS DENMARK
FINLAND FRANCE GERMANY GREECE HONGKONG
HUNGARY INDIA INDONESIA IRELAND ITALY JAPAN

THE **ART** OF BEING
LOCAL **WORLDWIDE**

CROATIA LUXEMBOURG MALAYSIA MEXICO NAMIBIA
NETHERLANDS NEW ZEALAND NORWAY PARAGUAY
PHILIPPINES POLAND PORTUGAL ROMANIA RUSSIA
SINGAPORE SLOVAKIA SOUTH AFRICA SOUTH
KOREA SPAIN SWEDEN SWITZERLAND THAILAND
TURKEY UAE UNITED KINGDOM USA VENEZUELA

DIE LEISTUNGEN VON INTERGEST

- Gründung, treuhänderische Verwaltung und Kontrolle der ausländischen Niederlassung
- Import- / Exportmanagement
- Inkasso- und Mahnwesen
- Controlling und BWA
- Rechts- und Steuerberatung
- Fiskal- und Erstattungsvertretung
- Buchhaltung und Reporting
- Personaleinstellung und -verwaltung

VORTEILE, DIE INTERGEST BIETET

- Fachliche Beratung und Kompetenz im internationalen Markt seit 1972
- Alle Dienstleistungen aus einer Hand mit individueller Anpassung an Ihre Unternehmensphilosophie
- International erfahrene Partner und Mitarbeiter
- Klare Definition der Verantwortlichkeiten, Zuverlässigkeit und Termintreue

WWW.INTERGEST.COM

Zum zehnten Mal in Folge

DIE ERSTE BANK FÜR KLEINE UND MITTELSTÄNDISCHE UNTERNEHMEN*

* Nutzen Sie die Vorteile einer regionalen Bank, die in der Wirtschaft sehr stark eingebunden ist.

* Die Banque Populaire Alsace Lorraine Champagne bietet individuelle und lösungsorientierte Leistungen. Sie ist auf mittelständische Unternehmen, gewerbliche Strukturen und Privakunden ausgerichtet.

* Zweisprachige Experten unterstützen Sie in der Gesamtheit Ihrer Bank – und Versicherungsgeschäfte.

Firmenkundenabteilung SARREGUEMINES
Direktor : Frédéric THIRY
+33 3 87 98 70 21 – frederic.thiry@bpalc.fr

Der Erfolg liegt in Ihrer Hand

*Tns Kantar Studie KMU-KMI 2019 - Banque Populaire : Erste Bank für KMU einschließlich Banques populaires, Crédit Coopératif und die Institute Crédit Maritime.

BANQUE POPULAIRE ALSACE LORRAINE CHAMPAGNE, genossenschaftliche Aktiengesellschaft der Banque Populaire nach französischem Recht mit einem variablem Grundkapital, geregelt nach Artikel L 512-2 ff. des französischen Währungs- und Finanzgesetzes und den französischen Rechtsvorschriften über Banques Populaires und Kreditinstitute, geschäftsansässig in F-57000 Metz, 3 Rue François de Curel, eingetragen beim Registergericht Metz unter der Nr. 356 801 571, Makler- und Vermittlergesellschaft im Versicherungsbereich, eingetragen im ORIAS unter der Nr. 07 005 127.

Gemeindeverband
Communauté d'Agglomération
Sarreguemines Confluences

«Ein ganzes Gebiet im Dienste der wirtschaftlichen Entwicklung»

Roland Roth
Vorsitzende der Communauté d'Agglomération
Sarreguemines Confluences

Unser Gebiet bietet viele Vorzüge und besitzt viel Potential. Als Nachbar der Bundesländer Saarland und der Pfalz liegt es im Herzen Europas, also in unmittelbarer Nähe zu Deutschland, aber auch zur Schweiz, Luxemburg und Belgien.

Angrenzend zur Saarbrücken-Mosel-Metropol-Region, ist es direkt mit den naheliegenden Städten Straßburg, Metz, Nancy und Frankfurt verbunden. Es ist ideal erschlossen und hat einen direkten Zugang zur Autobahn A4. Die wirtschaftliche Entwicklung ist von grundlegender Bedeutung und gehört daher zu unseren obersten Prioritäten. **Aus diesem Grund haben wir vor fast dreißig Jahren eine Struktur zur Unterstützung der Wirtschaftteilnehmer eingerichtet: Espace Entreprise.** Unsere verschiedenen Tätigkeitsbereiche sind perfekt abgestimmt und an Ihr Projekt angepasst. Daher können wir heute ohne jegliche Verzögerung auf die Nachfrage von Investoren nach verfügbarem Land entsprechend reagieren.

Seit 2020 ist der L'Europole de Sarreguemines Confluences einer der 12 vom Wirtschaftsministerium als «schlüsselfertig» bezeichneten Standorte. Das heißt, Bereiche, in denen Verwaltungsverfahren im Zusammenhang mit Stadtplanung, präventiver Archäologie und Umwelt erwartet wurden. Dies ist auch der Fall bei Europôle, welcher bereits Unternehmen wie Seifert Logistics und natürlich Mercedes beherbergt. **Der gesamte Park umfasst 360 Hektar.** Schließlich bleiben die beiden wichtigsten Vorzüge einer Region die Unternehmen und ihre Menschen. **Continental, Daimler, Mahle Behr, Seifert, ZF, Bluetek, Leach International, Ineos oder Renz** sind unserem Gebiet treu und die stellvertretendsten Unternehmen. Sie werden oft von hervorragenden lokalen Subunternehmern unterstützt, insbesondere von Unternehmen, die Roboter- und Prozessautomatisierungslösungen anbieten.
Aber nichts von alldem wäre ohne Menschen möglich. Unsere Mitarbeiter sind zweisprachig, qualifiziert, diszipliniert und freiwillig.

Espace Entreprise arbeitet Hand in Hand mit der Communauté d'Agglomération Sarreguemines Confluences und den verschiedenen staatlichen Diensten, aber auch mit den anderen wirtschaftlichen Akteuren des Gebiets. **Ich denke dabei insbesondere an Intergest, die seit 1972 in unserem Gebiet präsent ist und seine volle Unterstützung zur Verfügung hat.**

SFA-CCM

Spezialist für Buchführung, Steuerberatung und Wirtschaftsprüfung für ausländische Investoren und Privatpersonen in Frankreich

Wir gehören zur SFA Gruppe, die mit 130 Mitarbeitern in der Elsass-Mosel-Region ein Hauptakteur im Bereich Steuerberatung, Unternehmensberatung und Wirtschaftsprüfung ist. Über 2.000 Kunden schenken uns ihr Vertrauen.

Die SFA Gruppe ist Mitglied eines nationalen und internationalen Netzwerks unabhängiger Steuerberater und Wirtschaftsprüfer. Dadurch verfügen wir über Infrastrukturen, die die Niederlassung unserer Kunden sowohl in Frankreich als auch im Ausland erleichtern.

Im Laufe der Jahre haben wir ein Team aus spezialisierten Experten gebildet, das unseren Kunden einen umfassenden Service nach Maß anbietet. Denn unsere Berater kennen die Herausforderungen des französischen Marktes und stellen ihr Know-how, ihre Erfahrung und ihre Dienste zur Verfügung, damit Sie dort erfolgreich sind.

7, place de la Gare, B.P. 70225, 57202 Sarreguemines,
Tel. +33 3 87 98 03 89, Fax +33 3 87 98 91 58,
ccm@ccm-sa.com

www.ccm-sa.com

go2 FRANCE

Die Exportinitiative für den Mittelstand der Frankreich-Spezialisten.

Warum go2FRANCE?

Jeder kennt Frankreich. Zumindest die Klischees: Wein, Käse, den Eiffelturm, Paris. Kennen Sie auch das französische Gesellschaftsrecht? Was sagt Ihnen die „Loi Toubon"? Sind Sie mit Details des französischen Handelsrechts wie dem „Code Civil" vertraut?

Wir sind Frankreich.

Mit profunden, langjährigen Erfahrungen in Finanz-, Steuer-, Versicherungs- und Rechtsfragen bietet Ihnen go2FRANCE kompetente Unterstützung auf Ihrem Weg nach Frankreich – mit einem weitverzweigten Netzwerk von erfahrenen Spezialisten.

„À votre service"

mit folgenden Dienstleistungen:
- Marktanalyse
- Gründung von Niederlassungen
- Unternehmensversicherungen
- Verwaltung
- Arbeitsrecht, Lohn und Sozialabgaben
- Rechts- und Steuerberatung
- Finanzierung und Bankdienstleistungen
- Buchhaltung und Bilanzierung
- Rechnungswesen und Reporting
- Wirtschaftsprüfung
- Human Resources

go2FRANCE

Ursulinenstr. 35
66119 Saarbrücken
Ansprechpartner: Elisabeth Borner
Tel. +49 (0)681 59 18 79 77
info@go2france.eu
www.go2france.eu

TALENTS FIRST, IHRE PERSONALAGENTUR FÜR DIE REKRUTIERUNG VON FÜHRUNGS- UND FACHKRÄFTEN IN FRANKREICH DEUTSCHLAND UND INTERNATIONAL

Wir begleiten unsere Kunden – KMU, Midcap-Unternehmen, Konzerne und ihre Filialen, Banken, Versicherungen, Stiftungen, usw.– bei der **REKRUTIERUNG DURCH DIREKTSUCHE, JOBBÖRSEN, ONLINE ANZEIGEN, SOZIALE NETZWERKE.**

Unsere Berater sind mehrsprachig und versiert im Bereich Direktsuche, Sourcing und Assessment/Kompetenzbewertung.

• **Unser Tätigkeitsfeld:**

Talents First ist **SPEZIALIST FÜR GRENZÜBERSCHREITENDE MISSIONEN.** Tag für Tag entwickeln wir uns weiter in einem multikulturellen Umfeld.

• **Unser Versprechen:**

Wir wählen die Bewerber ausschließlich auf Grundlage ihrer **beruflichen Kompetenz** aus.

• **Unsere Aufgabe:**

FÜR UNSERE KUNDEN BEWERBER IDENTIFIZIEREN, EVALUIEREN, AUSWÄHLEN UND VORSTELLEN.

Wir übernehmen den gesamten Prozess, von der Rekrutierung bis zur Integration des Bewerbers in die neue Stelle, und dies mit einer ERFOLGSGARANTIE.

 Talents First ist Mitglied des französischen Berufsverbands «À Compétence Égale» und hat die Charta der Vielfalt unterzeichnet.

Talents First - 3 Rue de Phalsbourg 67000 Strasbourg - T. +33(0)3 88 11 27 10
Talents First Deutschland - Königstrasse 10C 70173 Stuttgart - T. +49 (0)711 - 222 54 45

Paris | Strasbourg | London | Stuttgart

www.talentsfirst.com

DiOT
Est

Courtier en assurances
Conseil en gestion des risques

Fünftgrößter unabhängiger Versicherungsvermittler für Unternehmensversicherungen, spezialisiert auf deutschsprachige Unternehmen in Frankreich.

Diot ist ein unabhängiger Versicherungsmakler in Frankreich, dessen German-Desk in Straßburg auf deutsche Unternehmen in ganz Frankreich spezialisiert ist. Von dort aus betreuen Spezialisten über 400 Kunden – selbstverständlich auf Deutsch – in allen anfallenden Rechts- und Versicherungsfragen.

Diot Est	Alfred Mattern	Geneviève Lambinet
2 Quai Kléber	Telefon: +33 3 88 24 39-01	Telefon: + 33 3 88 24 39-09
67000 Strasbourg	Mobil: +33 6 70 86 28 22	E-Mail: glambinet@diot.com
France	E-Mail: amattern@diot.com	

Hausgemachte Fehler vermeiden

Im Ausland sind erfolgsverwöhnte Mittelständler nicht immer und überall gleich Champions. Peter Anterist beschreibt die „zehn beliebtesten Möglichkeiten, im Ausland Geld zu verbrennen" – Holzwege und hausgemachte Schwierigkeiten, die man sich in Zeiten schwieriger Märkte besser spart: Oft ist es meist der Erfolg im Inland, der zu einsamen und nicht hinterfragten Entscheidungen im Auslandsgeschäft führt: „Alle hier geschilderten Ereignisse sind von wahren Fällen inspiriert. Personen und Produkte dazu sind natürlich frei erfunden."

Softcover, 90 Seiten, ISBN 978-3-9817242-5-7, erschienen: 2013, Neuauflage für Mitte 2020 geplant.

Leseproben, Bestellung: https://globalbusiness-magazine.de/fehler/

Neuer Handlungsspielraum im Ausland - gerade jetzt

Entscheider im Mittelstand, bei kleineren Unternehmen und Start-ups sind die Zielgruppe der Publikation „Erfolgreich im Ausland". Herausgeber Peter Anterist hat dafür erfahrene Praktiker gebeten, ihre Anregungen in einem „Unternehmer-Briefing für die Internationalisierung" aufzuschreiben. Die bewusst knapp gefassten Beiträge der mehr als 20 Autoren diskutieren die wichtigsten Handlungsfelder im Ausland: Diese reichen von Vertrieb, Messen, Marketing, E-Commerce, Personal über die Steuerung der Auslandsgesellschaft, das Kooperationsmanagement bis hin zur Nutzung von Fördermitteln und zum Währungsmanagement. Anterist will damit mittlere und kleine Unternehmen ermuntern, neue Chancen für Wachstum und die Unternehmensentwicklung jenseits der Landesgrenzen zu entdecken.

166 Seiten, Softcover, local global Verlag, ISBN 978-3-9820948-0-9, 25,00 Euro

Leseproben, Bestellung: https://globalbusiness-magazine.de/leitfaden/